本书得到了教育部人文社会科学研究"'人工智能+'时代数智化平台生态系统的价值涌现机制与策略研究"（24YJC630291）项目资助

价值涌现：数字化平台服务生态系统价值创造的新范式

张佳佳　著

Value Emergence：A New Paradigm of Value Creation in Digitalized Platform Service Ecosystems

经济管理出版社
ECONOMY & MANAGEMENT PUBLISHING HOUSE

图书在版编目（CIP）数据

价值涌现 ：数字化平台服务生态系统价值创造的新
范式／张佳佳著. -- 北京 ：经济管理出版社，2024.
ISBN 978-7-5243-0189-9

Ⅰ．F272.7

中国国家版本馆 CIP 数据核字第 2025LW5139 号

组稿编辑：杨　雪
责任编辑：杨　雪
助理编辑：王　蕾
责任印制：张莉琼
责任校对：陈　颖

出版发行：经济管理出版社
　　　　　（北京市海淀区北蜂窝 8 号中雅大厦 A 座 11 层　100038）
网　　址：www. E-mp. com. cn
电　　话：（010）51915602
印　　刷：唐山昊达印刷有限公司
经　　销：新华书店
开　　本：720mm×1000mm/16
印　　张：14.5
字　　数：212 千字
版　　次：2025 年 4 月第 1 版　　2025 年 4 月第 1 次印刷
书　　号：ISBN 978-7-5243-0189-9
定　　价：88.00 元

前　言

　　近年来，随着人工智能、物联网、5G、开源等技术的发展，企业的营销环境变得更为复杂。2020年新冠肺炎疫情的暴发，迫使企业加速采用数字化营销战略，进而使数字营销环境的复杂性和不确定性变得尤为突出。虽然国内企业迅速"上线"自救，但是大部分企业因自身在经营、渠道、管理、营销等核心环节存在严重的数字化战略的"隐性缺陷"，最终导致很多企业"上线"自救失败。这一现象迅速地推动了业界对数字生态化和平台化战略的讨论热潮。在政策方面，《中共中央关于制定国民经济和社会发展第十四个五年规划和二〇三五年远景目标的建议》中提出了"发展数字经济，推进数字产业化和产业数字化，推动数字经济和实体经济深度融合，打造具有国际竞争力的数字产业集群"等建议。上述情况表明无论是企业的发展需求还是国家的政策导向，都已非常重视数字化平台服务生态化战略。因此，研究数字化平台服务生态系统如何创造价值具有较大的现实意义。

　　近20年来，随着价值共创理论研究的发展，价值共创的主体导向研究遵循"二元→网络→系统"的重要脉络演进：从最初的企业—顾客二元导向价值共创，转向了多个行动者网络导向价值共创，再转向服务生态系统导向的所有行动者的价值共创。近年来，服务主导逻辑理论研究兴起了从复杂系统视角重新审视服务生态系统的价值创造理论思潮。2023 年 1 月 20 日，*Journal of Business Research*（JBR）期刊推出了"推进服务主导逻辑：制度、服务生态系统以及涌现"主题特刊，该主题特刊倡导营销学者基于当下数字化、智能化以及开源化的时代背景，从复杂性理论、系统的涌现现象、制度组合等角度，进一步推进服务主导逻辑理论以及服务生态系统的复杂性研究。毋庸置疑，该研究议题体现了系统思维在营销学学术研究中的再次兴起，为从复杂系统视角思考和审视数字化服务生态系统及其价值创造的研究带来了新的机遇，是服务营销学研究的前沿，具有较大的理论价值。

这引发了笔者的进一步思考：数字化平台服务生态系统作为一个复杂适应系统，应如何响应上述理论倡导并满足实践需求，其组成部分又是什么？该如何从复杂系统视角重新审视现有的平台服务生态系统价值创造研究？

基于此，本书基于复杂适应系统的视角，依据其理论逻辑和思维方式审视和分析数字化平台服务生态系统的价值创造问题，旨在为该领域的研究做一些理论创新的尝试，并为企业的数字生态和平台化战略提供新的思路。为此，本书着重开展以下两项研究工作：

第一，基于复杂适应系统理论视角，提出数字化平台服务生态系统的"涌现型"价值创造模式，以期推进服务主导逻辑理论研究。首先，本书以复杂适应系统理论为基础，审视数字化平台服务生态系统是否适合概念化为复杂适应系统，并进一步探讨其能否生成复杂适应系统的涌现属性，以此探讨数字化平台服务生态系统是否与复杂适应系统具有相同性，从而确定能否把前者作为复杂适应系统进行研究。其次，本书在确定数字化平台服务生态系统可以作为复杂适应系统进行研究的基础上，提出了数字化平台服务生态系统价值创造的研究应该从"价值共创"范式转向"价值涌现"范式。这既为本书从复杂适应系统的视角研究数字化平台服务生态系统的合理性和必要性作了解释性铺垫，又为后续价值涌现机理研究奠定了基础。

第二，结合基于行动者网络理论（ANT）改进的网络志理论、多元扎根理论以及嵌套式案例三个质性研究方法，深入剖析数字化平台服务生态系统价值涌现机理。本书选择了大众点评平台服务生态系统展开嵌套式案例研究，结合基于行动者网络理论改进的网络志方法和多元扎根理论，将大众点评平台服务生态系统划分为相互独立但又相互联系的 2×2（即 2 个行动者网络×2 个价值涌现阶段）研究单元，进而从时间、跨层次（微观、中观和宏观）的多角度来分析价值涌现过程，以揭示价值涌现的机理和明晰涌现价值的维度。

本书主要研究结论如下：

（1）价值涌现是数字化平台服务生态系统价值创造的新模式。研究发现：价值涌现是指数字化平台服务生态系统对涌现价值的创造过程。涌现价值是指在数字化平台服务生态系统内，行动者（部分）与系统（整体）通过部分—部分相互作用、部分—整体相互作用以及整体—部分相互作用而迭代生成的新资源。与人们所认为的"共创型"价值创造模式相比，"涌现型"价值创造模式体现了在数字化情境下平台服务生态系统价值创造的复杂性及涌现性。

（2）价值涌现是两个阶段和三种机制不断迭代的过程。在价值涌现阶段方面，研究发现价值涌现具有两个阶段，分别是以基础型活动为核心的 T_1 阶段和以系统级别新活动为核心的 T_2 阶段。其中，价值涌现 T_1 阶段是 T_2 阶段的基础。在价值涌现机制方面，涌现价值的创造机制和维持机制是有差异的。一方面，平台服务生态系统通过"对等参与启动机制""向上因果力动力机制"涌现生成新价值（即涌现价值）；另一方面，涌现价值通过"向下因果力控制机制"（即制度协调）约束和促进个体行动者之间互动，进而维持平台服务生态系统内部的稳定性，以保持自身的连贯性。

（3）涌现价值是由协调价值和适应价值组成的集合。从价值涌现结果来看，涌现价值是协调价值和适应价值的集合。协调价值是指平台服务生态系统作为一个"整体"，为维持系统内部稳定地运作，能够跨层次（微观、中观和宏观）调动系统资源的能力。协调价值是涌现价值对内维持协调性的体现，是平台服务生态系统的基础生存能力，可进一步划分为协调有效性和协调效率性。适应价值是指平台服务生态系统作为一个"整体"，具有自我更新、自我协调以及自我适应的能力。适应价值是涌现价值对外保持进化性的体现，可进一步划分为新制度涌现和系统生成性。

（4）平台服务生态系统通过制度组合能够跨层次向外部环境输出资源。从资源输出关系方面来看，涌现价值的向下因果力本质上体现了平台服务生态系统作为一个"整体"，能够跨层次（微观、中观和宏观）向系统外部环境输出资源。具体来说：①价值涌现 T_1 阶段和 T_2 阶段，在微观层次上，涌现价值（即新制度涌现）通过制度组合与个体行动者产生相互作用，促进个体行动者之间共创价值，进而实现数字化平台服务生态系统向外部环境输出资源。②价值涌现 T_1 阶段和 T_2 阶段，在中观层次上，涌现价值（即新制度涌现）通过制度组合与平台企业产生相互作用，以此增加平台企业绩效，进而实现数字化平台服务生态系统向外部环境输出资源。③价值涌现 T_2 阶段，在宏观层次上，涌现价值（即系统生成性）通过制度组合与外部环境发生相互作用，进而实现数字化平台服务生态系统向外部其他生态系统输出资源。

本书的创新之处包括：第一，本书提出了价值涌现这一价值创造的新模式，将研究对象从"共创型"价值创造模式转变为"涌现型"价值创造模式，这是一种研究范式的转变，既呼应了实践中互联网情境下以数字化平台服务生态系统为载体的价值创造过程的新进化，又将价值创造的研究推向了一个新议题。第二，本书通过研究界定了数字化平台服务生态系统的涌现价值的概念内涵和维度，并揭示了价值涌现的生成机理。这些内容是基于复杂适应系统理论，对数字化平台服务生态系统价值创造展开的系统化研究，丰富了这方面的研究。第三，本书研究的价值涌现新模式突出了数字化平台服务生态系统具有双重性，从而深化了现有的服务生态系统、服务平台和行动者参与三元理论框架研究，进而拓展和丰富了服务生态系统的理论研究。

本书基于笔者近年来的研究成果而成，衷心感谢上海财经大学王新新教授的耐心指导和帮助。本书的出版得到了教育部人文社会科学研究"'人工智能+'时代数智化平台生态系统的价值涌现机制与策略研究"（24YJC630291）项目，以及上海商学院工商管理高原学科建设项目的资助，得到了经济管理出版社的专业协助，在此一并表示感谢。

张佳佳

2025 年 2 月 5 日

目　录

第一章

绪　论

本书结合复杂适应系统理论和服务生态系统理论，旨在探讨数字化平台服务生态系统价值创造的复杂性及涌现性。本章主要论述和介绍了本书的基本情况，包括研究背景与问题、研究目的与内容、研究思路与方法以及研究创新与意义。

第一节　研究背景与问题

一、研究背景

本节从理论和实践两个方面对本书的研究背景进行阐述。

（一）理论背景

1. 服务生态系统导向的价值共创研究：系统思维的再兴起

20 世纪，自然科学和社会科学都发生了从机械论到系统论的范式变迁。

机械论范式和系统论范式之间的主要争论点是部分与整体的关系。其中，机械论（还原论或原子论）范式强调"整体可以被还原为部分之和"，系统论（整体论或有机论或生态论）范式强调"整体不可以被还原为部分之和"（Capra and Luisi，2014）。与系统论相关的思维方式被学者称为"系统思维"（Systems Thinking），即整体不能还原为部分之和（Bunge，2003；Goldstein，1999）。该思维认为"系统的"某些特质是属于整体的，是不被任何组成部分所具有的。换言之，当研究者聚焦于部分的时候，系统内属于整体层次的某些特质就会被丢失。系统思维已被不同学科广泛应用，并交叉发展出很多新理论。心理学领域有格式塔心理学（Wertheimer and Riezler，1944）；生态系统领域有生命系统理论（Capra and Luisi，2014）；社会学领域有社会涌现理论（Sawyer，2001）和社会复杂适应系统（Keshavarz et al.，2010）；哲学领域有系统涌现论（Bunge，2003）；经济学领域有复杂经济学（Arthur，2015）；管理学领域有复杂领导理论（Uhl-Bien et al.，2007）、供应链复杂管理理论（Choi et al.，2001）以及团队效率研究（Kozlowski and Chao，2012）等。

近年来，系统思维再次吸引了营销学者的关注。宏观营销学者基于系统思维推进了营销系统的理论研究（Layton，2015）、市场系统动力学的理论研究（Giesler and Fischer，2017）、市场塑造的理论研究（Nenonen and Storbacka，2020；Peters et al.，2020）等。服务主导逻辑学者 Vargo 和 Lusch 于 2011 年提出了以生态系统为导向来理解价值共创理论的观点，由此引入了"服务生态系统"（Service Ecosystem）概念，进而引领了服务营销学者基于系统思维展开以服务生态系统为导向的价值共创理论研究热潮（Vargo et al.，2017；Chandler and Lusch，2015）。事实上，随着价值共创理论研究近 20 年的发展，价值共创的主体遵循"二元—网络—系统"导向的重要脉络演进：从最初的企业—顾客二元导向的共创价值（Vargo and Lusch，2004），转向多个行动者

（Actor-to-Actor，A2A）网络导向的共创价值（Vargo and Lusch，2008），再转向动态的服务生态系统导向的共创价值（Vargo and Lusch，2016）。服务生态系统是一个相对独立且可以自我调节的系统，由共享的制度组合将资源整合者连接起来，通过服务交换为彼此创造价值（Lusch and Nambisan，2015）。服务生态系统理论体现了研究服务主导逻辑的营销学者对"系统思维导向的价值创造模式"理论的关注。值得关注的是，Vargo 和 Lusch（2016）在服务主导逻辑的公理 2 中指出，价值是由系统内所有行动者（包含了资源受益人）共创的；在服务主导逻辑的公理 4 中指出，价值是由资源受益人自身所独有的现象学解释的。由此可知，在现有服务主导逻辑理论中，"系统内所有行动者共创的"本质上是人类行动者的价值。这导致了现有文献普遍将服务生态系统视为情境资源，被人类行动者利用和整合（Wajid et al.，2019）。那么，服务生态系统本身作为一个"整体"，其创造的价值本质是什么？该价值创造机制是什么？据笔者观察，鲜有服务生态系统理论学者对此类问题作出相应的回答。

2. 服务主导逻辑推进研究的理论倡导：拥抱复杂性和涌现性

近年来，探讨信息和通信技术对服务的影响成为服务科学领域的首要议题（Breidbach et al.，2014）。2023 年 1 月 20 日，*Journal of Business Research*（JBR）期刊推出了"推进服务主导逻辑：制度、服务生态系统以及涌现"主题特刊，该主题特刊倡导营销学者从复杂理论、服务生态系统的涌现现象、系统生存能力、制度维护和变更、制度组合等角度，进一步扩展数字时代的服务主导逻辑理论研究。这些研究议题都是与系统思维直接相关的。换言之，服务生态系统学者开始关注复杂性和涌现性的问题，以期能够进一步推进服务主导逻辑理论。由此可知，在理论分析时，研究人员分析的基本单位应是"微观—中观—宏观"跨层次聚合的服务生态系统，而不是"资源提供者—资源整合者"的二元组（Vargo and Lusch，2018）。Vargo 和 Lusch（2017，2018）

指出，A2A 网络导向的价值共创范式是"平的"，是聚焦于同一水平层次世界内的价值创造实践；从复杂适应系统视角来看，服务生态系统是一个由微观、中观和宏观不同层次聚合的嵌套且重叠的系统。因此，Vargo 和 Lusch（2018）积极地倡导营销学者引入复杂系统、复杂经济学等跨学科理论，以期丰富服务生态系统的复杂性研究。为此，Vargo 等（2023）再次倡导营销学者从涌现理论视角进一步推进服务主导逻辑理论以及服务生态系统的复杂性研究，并提出服务生态系统是一个复杂适应系统，是涌现生成的，其价值创造是复杂的、动态的和多层次互动的。

由此可见，基于复杂性和涌现性视角深化服务生态系统理论，是服务主导逻辑领域最前沿的理论研究问题，具有较大的理论价值。然而，Polese 等（2020）以及 Vargo 和 Lusch（2017，2018）的研究处于对复杂系统和涌现等概念的引入阶段。现有文献对涌现这一构念的非线性互动的机制研究仍属于空白阶段。这引发了笔者的进一步思考：涌现（Emergence）作为复杂系统最独有的特征，是指系统元素（即组成部分）之间的非线性相互作用，能够产生系统元素所没有的涌现属性（Emergent Property），即新实体、新结构、新概念、新质量等（Bhaskar，2008）。基于此，服务生态系统作为一个复杂适应系统，其组成部分是什么？复杂性是什么？涌现性又是什么？该如何从复杂系统视角重新审视以往的价值创造研究？在数字情境下，基于复杂系统导向的价值创造体系是不是一种全新的价值创造模式？系统内的非线性互动机制是什么？总体而言，基于复杂系统思维，服务生态系统作为一个"整体"创造了价值，该价值的内容、创造途径以及作用机制问题都尚不清楚，这正是本书所要研究的内容。因此，本书从复杂性和涌现性的视角推进服务生态系统价值创造理论研究，是服务主导逻辑领域最前沿的理论研究，具有较大的学术价值。

（二）实践背景

1. 数字时代营销环境的变化：不确定性和复杂性

近年来，开源技术颠覆了交通、教育、金融等行业的形态，个人生活和组织生产也因此发生了巨大的改变。例如，私家车分享平台 Uber 改变了人们出行的方式（Hagiu and Wright，2015）；任何人都可以在线编辑或阅读的 Wikipedia 改变了大众知识积累和获取的方式（Tapscott and Williams，2008）；新型 Tesco 虚拟零售平台改变了传统零售服务对顾客面对面互动的依赖，提供了全新的在线自助服务环境（Campbell et al.，2011）。这些开源数字技术的发展，正在深刻影响着企业的内部和外部环境。人工智能、物联网、5G、开源等技术的发展，创造了数字、物理和社会三位一体的更为复杂的顾客体验环境（Bolton et al.，2018）。2020 年新冠肺炎疫情暴发迫使企业加速采用数字化营销战略，进而使数字营销环境的复杂性和不确定性变得尤为突出。餐饮、酒店、旅游等服务行业内，大部分企业受到疫情的影响，陷入了经营困境。虽然，国内企业迅速"上线"自救，但大部分企业因自身在经营、渠道、管理、营销等核心环节存在严重的数字化战略的"隐性缺陷"，导致很多企业"上线"自救失败。与此同时，螺蛳粉却成功"逆袭"。据报道，2020 年上半年螺蛳粉出口额达 2019 年出口总额的 8 倍①。螺蛳粉成功"逆袭"的重要因素之一是：在疫情期间，螺蛳粉能够深度整合数字（如紧跟网络直播新业态）、社会（如疫情隔离期间，抖音、小红书等社交平台用户猎奇心理的兴起）和物理（如螺蛳粉产品的特殊味道、气味对顾客的味蕾、嗅觉等带来了刺激）三位一体的顾客体验环境。这让螺蛳粉在众多方便面食品中异军突起，借由社交网络平台成为网红产品。与此同时，在线教育、网络直播、小视频等领域也在疫情期间迎来了新一轮机遇。这些实例引发了业界对数字生态化和平台化战略的讨论热潮。由此可见，在数字情境下，企业的营销环境变得更为复杂，"意外性"变得更多了。这些"意外性"既可能是机遇，又可能是挑战。因此，企业需要基于复杂性思维，以更为系统且动态的营销战略来灵活应对外部环境的突然变化。

---

① 具体内容请参见：《主播说联播》栏目 2020 年 7 月 18 日推出的《螺蛳粉火出国门靠的啥》。

2. 基于数字生态系统的服务创新：企业竞争力的主要来源

在 2019 年 5 月 21 日的腾讯全球数字生态大会上，腾讯总裁刘炽平提出了从"以开放促成生态"演化到"以生态方式进行开放"的战略，强调将与所有合作伙伴一起共建生态，共享红利。这表明业界已经意识到以数字生态系统为载体的巨大价值创造潜力。阿里巴巴公布的数据显示，2020 年 11 月 1 日凌晨，天猫及淘宝网的"双 11"狂欢节在正式开始 2 小时内便实现了 100 个品牌突破 1 亿元人民币成交额。这种全民"双 11"狂欢节的背后，是由以淘宝、天猫焦点平台为核心，支付宝、淘宝直播等众多企业所组成的数字服务生态系统支撑的。这些都表明业界已经开展了由开源技术搭建起来的服务生态系统实践。与此同时，党的十八大以来，中共中央、国务院围绕数字产业化和产业数字化已经出台了百余个专项规划和指导意见，如《中共中央关于制定国民经济和社会发展第十四个五年规划和二〇三五年远景目标的建议》中提出的"创新驱动发展""发展数字经济，推进数字产业化和产业数字化，推动数字经济和实体经济深度融合，打造具有国际竞争力的数字产业集群"等建议。这些都体现了我国政府针对数字经济发展已经制定了较为完整健全的政策体系，各项具体配套政策正渐次落地，日益完善的政策体系必将为中国企业数字化转型释放出更多的"利好"。因此，数字时代基于生态系统的服务创新将是企业竞争力的主要来源。

综上所述，面对数字时代复杂多变的营销环境，无论是企业的实践需求还是国家的政策导向，都已非常重视数字生态化战略。因此，本书结合复杂适应系统和服务生态系统理论，以数字化平台生态系统为研究对象，探讨平台服务生态系统价值创造机理的复杂性及涌现性①，具有较大的现实意义。

---

① 为了保持行文的流畅性，笔者将"数字化平台生态系统是一个服务生态系统"简化为"数字化平台服务生态系统"或"平台服务生态系统"。因此，数字化平台服务生态系统和平台服务生态系统这两个概念在本书中的含义是相同的。

二、研究问题

本书想要解答以下几个核心问题：

一是探讨营销学者如何从服务平台视角推进平台理论以及平台生态系统价值创造研究。本书梳理了产业经济领域、战略管理领域、技术管理领域以及服务营销领域的数字化平台以及数字化平台生态系统价值创造的文献，需要解决的问题有：①服务营销学者是如何从价值创造视角理解平台和平台生态系统价值创造的？②服务营销领域的平台与其他领域的平台研究有何不同？③通过分析现有研究的不足之处，以寻找研究缺口，并明晰本书的研究问题和内容。

二是基于复杂系统思维，提出数字化平台服务生态系统的价值涌现新模式。本书结合服务生态系统和复杂适应系统理论，探讨数字化平台生态系统作为一个服务生态系统（即本书的数字化平台服务生态系统），其价值创造的复杂性及涌现性。换言之，本书基于复杂适应系统视角，认为数字化平台服务生态系统作为一个"整体"，其价值创造不仅具有复杂性，还需要考虑不同"组成部分"之间跨层次（微观、中观和宏观）的相互作用所产生的涌现性。基于此，需要解决的问题有：①数字化平台服务生态系统作为一个复杂适应系统，其组成部分是什么？该如何从复杂系统视角来重新审视以往价值创造研究？②数字化平台服务生态系统作为一个复杂适应系统，它的价值创造模式具有复杂性和涌现性，那么，它的复杂性是什么？涌现性又是什么？③基于复杂系统导向的价值创造体系，是不是一种全新的价值创造模式？该模式与现有价值共创模式的关系是什么？为何本书认为现有价值创造体系是从"共创型"转向了"涌现型"？④价值涌现模式下数字化平台服务生态系统生成的新价值是什么？

三是探索数字化平台服务生态系统价值涌现的作用机理。本书在前两项研究的基础上，认为数字化平台服务生态系统作为一个复杂适应系统，其系统级别的价值是由系统内不同组成部分之间的非线性相互作用涌现生成的。据此，需要解决的问题有：①个体行动者的对等互动行为是如何跨层次（微观、中观和宏观）实现了平台服务生态系统级别的涌现价值？②该涌现价值的本质是什么？③该涌现价值的维度是什么？④进一步探讨本书的价值涌现模式对服务主导逻辑的推进研究的理论贡献，以及对企业的指导意义。

第二节 研究目的与内容

一、研究目的

本书旨在基于复杂适应系统理论视角，探讨在数字情境下平台生态系统作为一个服务生态系统（即本书的数字化平台服务生态系统），其价值创造的复杂性和涌现性，以期为服务主导逻辑的推进研究作出相应的理论贡献，为企业的数字化生态战略提供新的思路。本书的研究目的包括以下三个方面：

首先，本书响应了服务营销学者发展动态营销学理论的倡导（Vargo et al.，2023；Polese et al. 2020；Vargo et al.，2017），从复杂适应系统理论视角，探讨数字化平台生态系统作为一个服务生态系统，其价值创造的复杂性和涌现性。据此，本书提出数字化平台服务生态系统生成涌现价值的理论框架，进而实现从"共创型"价值创造模式转向"涌现型"价值创造模式，这是一种范式的转变。

其次，探讨数字化平台服务生态系统的价值涌现的作用机理。现有服务主导逻辑学者已认识到，营销学者从复杂系统思维审视服务生态系统内的涌现现象具有较高的研究价值（Polese et al.，2020）。正如苗东升（2016）所述"要将复杂性当作复杂性对待"。因此，本书结合复杂系统学、营销学、战略管理学、信息系统学等学科的理论，将数字化平台服务生态系统概念化为"数字化平台复杂适应系统"，探讨其"对等参与子系统""向上因果力子系统""向下因果力子系统"的非线性迭代机制。据此，本书阐明了数字化平台服务生态系统的价值（即本书的涌现价值）是如何从"部分"（即不同子系统）之间的相互作用中涌现生成的，并进一步揭示了涌现价值的维度。

最后，在前两项研究的基础上，本书对价值涌现模式的实践意义进行了探讨，以期为企业的日常生产经营活动提供借鉴和指导。在数字时代条件下，企业的营销环境变得越来越不确定和复杂。企业需要思考如何通过动态营销战略，诱导其平台服务生态系统的价值涌现。本书的价值涌现模式认为，企业在面临具有高度不确定性和复杂性的数字营销环境时，能够有意识地让数字化平台服务生态系统内的"意外""偶然性"成为自身竞争力的主要来源。

二、研究内容

（一）明晰数字化平台服务生态系统价值创造研究的缺口

在系统地梳理相关文献的过程中，笔者发现 Breidbach 和 Brodie（2017）明确指出：服务营销学是迄今为止唯一将平台、价值创造以及互动这三者明确联系起来的学科。那么，营销学者结合服务生态系统理论和平台生态系统理论，基于价值创造视角理解的平台与其他领域的平台有何不同？在此问题驱动下，本书比较分析了产业经济领域、战略管理领域、技术管理领域以及服务营销领域的平台理论和平台生态系统价值创造文献，研究发现，服务营销学领域学者认为，数字化平台服务生态系统的价值创造研究的核心应从具象的经济组织（即平台企业）转向抽象的资源配置网络关系（即服务平台），由此提出了服务生态系统、服务平台和行动者参与的三元理论框架，这是营销学者在数字时代对平台理论研究的新进化，具有较大的理论意义。然而，该三元框架忽视了数字化平台生态系统作为一个服务生态系统时，其本身具有的双重性，其价值创造模式本身具有的复杂性及涌现性，这正是本书研究的核心议题。

（二）引入复杂适应系统和涌现理论，提出价值涌现模式

在前文分析的基础上，本书认为在数字生态时代，价值创造模式已从"共创型"转向了"涌现型"。本书引入了复杂适应系统和涌现理论，从一个全新的视角，运用"部分"与"整体"的关系，将服务营销领域、战略管理领域以及信息系统领域的研究整合起来，重新解读平台服务生态系统的组成部分，进而阐述了数字化平台服务生态系统具有复杂适应系统的特点和涌现属性，可以运用复杂适应系统的理论逻辑和思维方式去理解和探讨数字化平台服务生态系统的价值创造研究。因此，本书认为数字化平台服务生态系统价值创造的研究范式应该从"价值共创"转向"价值涌现"，形成了"涌现价值"（Value-in-Emergence）[1] 构念，进而突出数字化平台服务生态系统内相互作用[2]的复杂性及涌现性。价值涌现是数字化平台服务生态系统对涌现价值的创造过程。

（三）探讨价值涌现机理

本书选择了大众点评平台服务生态系统展开嵌套式案例研究，结合了基于行动者网络理论改进的网络志方法和多元扎根理论，将大众点评平台服务生态系统划分为相互独立但又相互联系的2×2（即2个行动者网络×2个价值涌现阶段）研究单元，进而从时间、跨层次（微观、中观和宏观）多角度来分析价值涌现过程，以揭示价值涌现机理和明晰涌现价值的维度。本书基于复杂系统思维，研究发现：①数字化平台服务生态系统涌现价值的创造机制和维持机

---

① 营销领域学者将顾客在使用产品（服务）过程中所创造的价值命名为使用价值（Value-in-Use）（Grönroos and Voima，2013）；顾客在体验过程中创造的价值命名为体验价值（Value-in-Experience）（Akaka et al.，2015）。基于此命名原则，本书将平台服务生态系统在涌现过程中生成的价值命名为涌现价值（Value-in-Emergence）。

② 本书所涉及的互动概念是指营销学文献里的 Interaction，本质上与复杂系统学理论文献的相互作用（Interaction）概念是一致的。因此，本书的互动和相互作用这两个概念所代表的意思是相同的。然而，为了更好地区分营销学的个体与个体间微观层次的相互作用，本书用互动一词来指代，如本书的对等互动、资源提供者—资源整合者二元互动等。

制是有差异的。②涌现价值是协调价值和适应价值这两个维度的集合。协调价值是数字化平台服务生态系统作为一个"整体"，为了维持系统内部稳定地运作，能够跨层次（微观、中观和宏观）调动系统资源的协调能力。适应价值是涌现价值对外保持进化性的体现。这是数字化平台服务生态系统作为一个"整体"，具有自我学习和自我进化以适应外部环境变化的能力。

第三节　研究思路与方法

一、研究思路

本书按"揭示现象→探寻原因→归纳理论"的思路深入探讨数字化平台服务生态系统价值创造的复杂性及涌现性，具体内容如图1-1所示。

二、研究方法

本书是一个基于复杂系统视角，对平台服务生态系统涌现现象的探索性研究。因此，本书结合了基于行动者网络理论改进的网络志理论（Lugosi and Quinton，2018）、多元扎根理论（Goldkuhl and Cronholm，2010，2018）以及嵌套式案例（殷，2004）这三个定性研究方法。本书依据图1-1展示的研究思路和方法论的要求，进行了规范化的研究。具体采用的方法有：

（一）文献分析法

本书分析了产业经济领域、战略管理领域、技术管理领域以及服务营销领域的平台以及平台生态系统价值创造研究的现状，归纳现有研究的不足，明确本书的研究问题，界定了数字化平台服务生态系统、服务平台等核心概念，为后续研究的展开打下了坚实的基础。

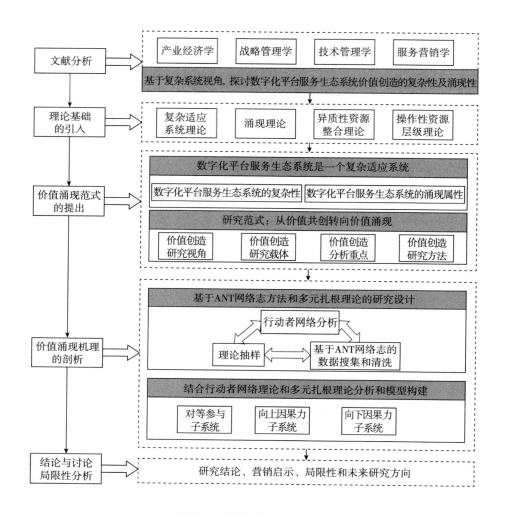

图 1-1　本书研究的技术路线

（二）嵌套式纵向案例研究

案例研究是一种运用历史数据、档案材料、访谈、观察等方法搜集数据，并运用可靠技术对一个事件进行分析，从而得出带有普遍性结论的研究方法。

它适用于对现有现象缺乏理论研究的探索。本书研究主题属于典型的"怎么样""为什么"研究问题，非常适合采取案例研究方法（Eisenhardt，1989）。数字化平台服务生态系统的价值涌现是对等参与子系统（即部分）、向上因果力子系统（即部分）和向下因果力子系统（即部分）的跨层次（微观、中观、宏观）迭代生成新价值的过程。简言之，本书价值涌现模式着重探讨数字化平台服务生态系统的"整体"与"部分"之间的复杂关系。嵌套式案例研究是同一个案例研究中存在多个分析单元（殷，2004），符合本书研究需要。因此，本书采用嵌套式纵向案例研究有利于展开对价值涌现这一过程的详细探讨。

（三）基于行动者网络理论的网络志方法

本书作为一项探索性研究，选择了 Lugosi 和 Quinton（2018）基于行动者网络理论（Actor Network Theory，ANT）提出的改进的网络志方法——超越人类的网络志（More‐than‐Human Netnography）（以下简称"ANT 网络志方法"），以此探讨数字化平台服务生态系统的价值涌现机理。ANT 网络志方法重视人类和非人类主体之间相互作用的复杂性研究。这符合本书将数字化平台服务生态系统视为一个系统级别"资源整合者"的研究需要；为本书价值涌现提供了一个有效分析工具。ANT 网络志方法的表演能力、设定和转译这三个要点符合本书价值涌现分析过程中的开放性需求。价值涌现是一个"部分—部分"、"部分—整体"以及"整体—部分"相互作用的跨层次（微观、中观和宏观）迭代的过程。因此，在数据搜集过程中，研究人员需要：①保持开放性，不设具体限制性边界，围绕价值涌现这一核心问题搜集材料。②关注价值是如何从平台服务生态系统的"部分—部分"、"部分—整体"以及"整体—部分"三个相互作用的迭代过程中涌现生成的。本书依据 ANT 网络志方法，划分了平台企业（即部分）和平台服务生态系统（即整体）两个层次的行动者网络，这有助于研究者从复杂系统思维进行进一步思考和分析：在价值涌现过程中部分与整体之间跨层次的相互作用产生的影响。更为重要的是，ANT 网络志方法能够通过行动者网络理论分析过程，为本书价值涌现的材料搜集和材料分析提供一个理论分析框架，这为打开数字化平台服务生态系统价值创造过程的"黑匣子"提供了一种非常有效且具有理论依据的分析工具。

（四）多元扎根理论

扎根理论作为质性研究的一种方法，适用于在对现象了解不足的情况下以数据为基础形成和建构能够揭示研究领域本质过程的解释理论。扎根理论研究方法的适用性相继在营销领域权威期刊 *Journal of Marketing*（Batra et al.，2012）、*Journal of Services Marketing*（Bock et al.，2016）以及 *Journal of Business Research*（Albats et al.，2020；Kudlats et al.，2019；Flint et al.，2018）等发表的论文中得到了验证。与此同时，多元扎根理论（Multi-Grounded Theory）鼓励学者将质性研究和既定的文献相结合来发展理论框架（Goldkuhl and Cronholm，2010，2018）。该研究方法能更好地保证本书研究结论的可靠性。

第四节　研究创新与意义

一、研究创新

本书的创新点主要体现在三个方面：

（一）提出了价值涌现新模式

本书将研究对象从"共创型"价值创造模式转变为"涌现型"价值创造模式，这是一种研究范式的转变，呼应了实践中互联网情境下以数字化平台服务生态系统为载体的创造价值过程的新进化。基于复杂系统视角，本书认为涌现型价值创造模式存在以下两个方面的新发展：

第一，与现有价值共创模式研究相比，价值创造的研究视角发生了从"部分"到"整体"的思维转变。价值共创理论认为价值是由资源受益人所决定的独一无二的现象学体验（Vargo and Lusch，2017）。此时，价值构念在本质上是指数字化平台服务生态系统的特定组成部分（即行动者）所获得的价值。因此，基于复杂系统视角，现有价值共创模式下的使用价值（Grönroos and Voima，2013）、情境价值（Chandler and Vargo，2011）、体验价值（Akaka et al.，2015）以及互动价值（Ramaswamy and Ozcan，2018a，2018b）都是平台服务生态系统构成要素（即组成部分）获得的价值。价值共创的最终目标是改变个体行动者自身的资源基础。因此，价值共创视角下的使用价值（情境价值、体验价值或互动价值）是不能捕获平台服务生态系统作为一个系统级别"整体"所获得的价值是什么，更不能体现平台服务生态系统价值创造的复杂性。相比而言，本书的涌现价值是指平台服务生态系统作为一个"整体"形成的涌现属性。价值涌现的最终目标是变平台服务生态系统为一个"整体"，进而改变"整体"的资源基础。涌现价值是指平台服务生态系统作为一个"整体"，其"组成部分"之间大规模非线性相互作用所生成的一个系统级别的新属性，是不可还原为"组成部分"获得的价值之和。

第二，与现有价值共创模式研究相比，价值创造载体从"平面的网状关系"转向了"复杂系统关系"。在价值共创模式下，营销学者基于系统思维，将个体行动者（即个体企业或顾客）资源整合的范围从强关系连接拓展到弱关系连接。这使个体行动者在价值网络中的相对位置、与其他行动者的关系连接强度成为影响共创价值的关键要素。因此，现有价值共创模式探讨数字化平台服务生态系统，在本质上仍是以某个行动者（即企业、平台领导者或顾客）为核心构建的价值网络。换言之，该模式下平台服务生态系统被视为是"平的"，是聚焦于同一水平层次内的价值创造实践。

本书价值涌现模式是基于复杂系统视角将平台服务生态系统视为一个"整体"，着重探讨"部分"（即个体行动者、平台企业等）与"整体"（即平台服务生态系统）之间复杂的关系，进而聚焦于系统内以焦点活动为核心的非线性互动（即跨微观、中观以及宏观层次的迭代）。价值涌现模式认为平台服务生态系统作为一个复杂适应系统，需要考虑个体行动者之间互动以外的行动者与环境之间的跨层次（微观、中观和宏观）的非线性相互作用。一方面，涌现价值是由系统部分—部分相互作用（即个体行动者之间互动）、部分—整体相互作用（即系统内"自下而上"的纵向互动）以及整体—部分相互作用（即系统内"自上而下"的纵向互动）不断跨层次迭代的结果；另一方面，在价值复杂适应系统内，个体行动者不仅会受到平台服务生态系统内部环境（即制度逻辑）的影响（即个体行动者与内部环境发生了相互作用），还会通过对等互动将外部环境①资源输入（输出）到平台服务生态系统内（即个体行动者与外部环境发生了相互作用）。因此，基于"涌现型"价值创造模式视角，研究者需要意识到在价值复杂适应系统内，关系是具有复杂性和涌现性的。

（二）明晰了数字化平台服务生态系统的价值涌现机理

本书结合基于行动者网络理论（ANT）改进的网络志方法和多元扎根理论研究方法，探索发现数字化平台服务生态系统涌现价值的创造机制和维持机制是不同的。平台服务生态系统通过"对等参与启动机制"和"向上因果力动力机制"涌现生成新价值（即涌现价值）。与此同时，涌现价值通过"向下因果力控制机制"（即制度协调）约束和促进个体行动者之间的互动，进而维持平台服务生态系统内部的稳定性。从价值涌现阶段来看，价值涌现具有两个阶

---

① 本书基于复杂适应系统理论，将在平台服务生态系统范围内的行动者直接互动的制度环境视为内部环境。与之相对，将不在平台服务生态系统范围内的环境部分视为外部环境。内部环境和外部环境之间的边界是动态的，这导致了随着时间的流逝，行动者能够主动与外部环境的资源进行互动。

段（即以基础型活动为核心的 T_1 阶段和以系统级别新活动为核心的 T_2 阶段）。其中，价值涌现 T_1 阶段是价值涌现 T_2 阶段的基础。总体而言，价值涌现是在平台服务生态系统内 2 个阶段×3 种机制不断迭代的过程。

（三）揭示了数字化平台服务生态系统的价值具有涌现性

在价值涌现模式下，数字化平台服务生态系统作为一个"整体"创造的价值（即本书的涌现价值）是一个涌现属性，具有全局性、恒新性和连贯性特征。涌现价值是平台服务生态系统内"对等参与子系统"、"向上因果力子系统"以及"向下因果力子系统"涌现生成的系统级别新资源。本书研究发现涌现价值是协调价值和适应价值这两个维度的集合。协调价值是平台服务生态系统作为一个"整体"，为了维持系统内部稳定地运作，能够跨层次（微观、中观和宏观）调动系统资源的协调能力。协调价值可进一步划分为协调有效性和协调效率性两个维度。适应价值是涌现价值对外保持进化性维度的体现。这是平台服务生态系统作为一个"整体"，具有通过自我学习和自我进化以适应外部环境变化的能力。适应价值进一步可划分为新制度涌现和系统生成性能力（T_2）两个维度。事实上，服务生态系统学者已研究发现了协调价值维度（Beirão et al.，2017；Wieland et al.，2012），认为价值是协调系统内资源之间和谐互动的能力。然而，本书研究发现平台服务生态系统作为一个"整体"，系统的生存能力不仅是对内维持协调运作的能力（即协调价值），还是对外能够保持共同进化的能力（即适应价值）。因此，协调价值和适应价值共同构建了涌现价值。最为重要的是，适应价值体现了：在价值涌现 T_2 阶段，平台服务生态系统在维持系统内基础资源不变的情况下，通过改变现有基础资源之间互动的复杂性，能够涌现生成系统级别的新价值（即新制度涌现和系统生成性），进而实现改变系统本身（即作为一个"整体"）的资源基础的目的。据此，本书拓展和丰富了服务生态系统的价值创造理论研究。

二、研究意义

本书基于复杂适应系统理论视角，为平台服务生态系统价值创造理论提供了一个"涌现型价值创造模式"的新视角，是服务主导逻辑理论领域的前沿研究。因此，本书研究具有重要的理论意义和实践意义。

（一）理论意义

第一，本书基于复杂系统思维，提出了涌现价值的理论框架，以此补充了平台服务生态系统的双重性研究，丰富了现有服务生态系统、服务平台和行动者参与的三元理论框架。该三元理论框架已明晰：在服务生态系统（即宏观）内，微观层次的个体行动者和中观层次的平台都具有两种类型，分别是：在微观层次上，个体行动者可划分为人类行动者和非人类行动者；在中观层次上，平台可划分为在管理意义上的平台企业和在价值创造意义上的服务平台。然而，鲜有研究针对宏观层次服务生态系统的双重性展开理论探讨。本书的价值涌现逻辑将平台服务生态系统视为一个"整体"，强调了平台服务生态系统不仅可以作为情境资源（即对象性资源）被个体行动者（即系统的"部分"）利用和整合，还可以作为一个系统级别的资源整合者（即操作性资源）主动地发起异质性资源整合行为，涌现生成系统级别的新价值，以此改变自身（即系统作为一个"整体"）的资源基础，主动地应对内外部环境的变化。本书价值涌现模式研究逻辑的建立能够推动营销理论界对涌现价值的理论研究，有助于学者更加深入地认识和理解——平台服务生态系统作为一个"整体"与系统内不同"组成部分"（即行动者、内部环境以及相互作用）之间关系的复杂性及涌现性。

第二，价值涌现模式阐释了平台服务生态系统作为一个复杂适应系统，系统内部非线性互动的本质，以此拓展和丰富服务生态系统涌现的理论研究。本书研究发现涌现价值是由对等参与启动机制、向上因果力动力机制以及向下因果力控制机制这三种机制共同发挥作用而生成的。价值涌现模式体现了数字化平台服务生态系统作为一个"整体",系统内部分—部分相互作用(即个体行动者之间的互动)、部分—整体相互作用(即系统内"自下而上"的纵向互动)以及整体—部分相互作用(即系统内"自上而下"的纵向互动)不断迭代的非线性效应。

第三,价值涌现模式克服了主流营销理论的静态假设,是基于复杂适应系统理论对现有营销学价值共创理论(Ramaswamy and Ozcan,2018a;Grönroos and Voima,2013)的拓展,符合 Vargo 等(2017)提出的基于复杂性视角发展动态和过程导向的营销学理论的倡导。本书研究发现涌现价值具有恒新性。该特征是指在平台服务生态系统的各组成部分之间的相互作用下,每一次涌现生成的新价值都是以往各组成部分所没有的涌现属性。因此,本书研究的价值涌现体现了平台服务生态系统作为一个"整体",符合其价值(即涌现价值)是从"部分"之间动态的和跨层次的相互作用中不断产生的这一基本的动态假设。正如 Vargo 等(2017)所述:主流营销学理论是建立在稳定和缺乏变化的假设上,相关基本假设是静态和机械性的,不能为理解复杂多变的日常生活提供具有现实意义的方法。因此,学术界亟须从一个复杂系统思维框架中重新审视数字化平台服务生态系统研究,整合学术界现有的碎片化文献,克服主流价值共创理论的静态假设,揭示在数字化平台生态系统价值创造过程中跨层次相互作用的复杂性及涌现性。因此,本书拓展了学者对动态营销学理论的研究,丰富了 Vargo 等(2017)、Vargo 和 Lusch(2018)、Polese 等(2020)学者所倡导的动态营销理论观。

第四,本书提炼了活动结构适应性和活动互动复杂性两个构念,以此阐释了数字化平台服务生态系统涌现价值的形成是需要抽象的服务平台和具象的平台企业共同发挥作用的。服务营销学者认为在服务生态系统视角下平台具有两种类型,即在价值创造意义上的服务平台和在传统管理意义上的平台企业。与产业经济领域的双边（多边）市场平台、战略管理领域的双边（多边）合作平台以及技术管理领域的技术架构平台相比，服务平台是营销学者在数字时代对平台理论研究的新进化。服务平台是在服务生态系统内，在给定情境下以价值共创活动（实践）为核心构建的资源配置网络关系。换言之，服务平台能够在给定的时间内，连接大规模个体行动者，并将系统内某些资源固定为资源配置网络关系。平台服务生态系统是由一系列服务平台组成的集合。个体行动者可以调用该配置网络内的资源来共创价值。在价值涌现的"向上因果力动力机制"内，活动资源复杂性和活动结构适应性这两个构念揭示了平台企业可以通过构建不同的活动，实现搭建服务平台，进而推动整个平台服务生态系统的涌现。活动资源复杂性体现了服务平台针对同一个焦点活动，分别从互补性、时间以及跨层次（微观、中观和宏观）三个方面连接资源的能力。活动结构适应性是指在系统内的不同活动种类（即基础型活动和系统级别新活动）之间资源的相互作用具有复杂性。这体现了不同的服务平台之间相互作用是具有复杂性的。与此同时，本书研究发现平台企业的动态能力能够促进活动资源复杂性和活动结构适应性，这也进一步证明了涌现价值的形成是需要抽象的服务平台和具象的平台企业共同发挥作用的。

第五，本书的研究响应了 Vargo 等（2023）、Vargo 和 Lusch（2017）、Polese 等（2020）学者的理论倡导，进一步深化了服务主导逻辑的理论推进研究。本书希望能够丰富数字时代条件下服务生态系统研究的理论内容，进而为学术界推进服务主导逻辑的理论研究贡献一份绵薄之力。本书的价值涌现模式突出了数字平台生态系统作为一个服务生态系统，其价值创造的复杂性及涌现性。这正是基于复杂性和涌现性视角推进服务生态系统理论研究，是服务主导逻辑领域最前沿的理论研究，具有较高的理论价值。本书研究的价值涌现模式有利于学术界加深对服务生态系统涌现的理解，为学术界从复杂系统思维深入探讨服务生态系统的价值创造提供了新的思路。

（二）实践意义

第一，价值涌现逻辑为企业数字生态战略提供了指导。在数字技术的推进下，企业的营销环境变得越来越复杂且不确定增大。2020 年新冠肺炎疫情的暴发，迫使企业加速采用数字化营销战略，进而使数字营销环境的复杂性和不确定性变得尤为突出。虽然国内企业迅速"上线"自救，但是很多企业因自身在经营、渠道、管理、营销等核心环节存在严重的数字化战略的"隐性缺陷"，进而导致大部分企业"上线"自救失败。这一现象推动了业界对数字生态化和平台化战略的讨论热潮。本书研究结果表明，在数字经济时代，企业需要以价值涌现逻辑来应对复杂多变的营销环境。这需要企业突破资源提供者—资源受益人的二元连接思维，拓展到以复杂系统思维重新审视企业在服务生态系统内的角色和定位，进而思考如何连接跨微观（个体行动者）、中观（平台企业、服务平台）、宏观（服务生态系统）的资源，创造系统级别的新价值（涌现价值）。基于本书价值涌现逻辑，企业需要从更长远且动态过程的角度出发，以数字平台生态系统为主要竞争力来源，其营销目标是实现生态系统内涌现价值的生成。因此，在价值涌现逻辑下，企业在制定数字化营销战略的核心问题时，应在"如何快速连接顾客和资源？""如何连接的更广？"这两个维度的基础上，拓展"连接如何涌现？"这一新维度。

第二，价值涌现模式为广大实体企业在数字化生态转型和平台化转型方面提供了新思路。面对当下高度复杂和不确定的数字营销环境，应对"意外""偶然"已然成为企业在数字营销过程中的常态。因此，企业的数字生态营销战略重点是：如何围绕焦点活动（即服务平台）诱导服务生态系统快速实现价值涌现，有意识地让在不确定性营销环境下所诞生的"意外""偶然"成为自身竞争力的主要来源。具体来说，价值涌现逻辑认为当实体企业想要基于原有服务生态系统展开数字平台生态战略时，领导企业的营销战略核心不是开发平台的技术标准（产品），而是需要考虑如何通过设计"焦点活动"构建服务平台，促进人类行动者和非人类行动者（即人工智能、5G 技术、数字化人工制品等）的大规模互动，增加系统内涌现现象产生的概率，进而引发系统内的乘数效应，促进价值涌现的可能。与此同时，在服务平台的构建过程中，企业不能只专注于开发大量的活动（即数字生态系统体系庞大却效率低下），而应关注不同活动之间的关系适应性（即数字生态系统可以是小而精致的）。本书研究发现活动资源复杂性和活动结构适应性有助于激发价值涌现动力机制，减少涌现的新制度之间的冲突，从而有利于在数字生态转型中服务生态系统的稳定性。同时，当企业基于传统平台生态系统战略，在数字生态营销战略初期开发新的平台技术标准（产品）时，需要投入大量的研发成本，对领导企业的门槛要求较高。与之相比，基于价值涌现模式，企业通过开发新的焦点活动来构建新的服务平台（即以价值创造为核心的资源配置网络关系），更具有经济性和可行性。

第三，价值涌现模型的向下因果力控制机制（即制度协调）表明：当实体企业开展数字生态转型和平台化战略，在扩大数字平台服务生态系统规模时，需要谨慎地采取将现有实体关系网络一次性整个纳入新数字服务生态系统内的策略。这是因为在数字情境下，平台服务生态系统的价值涌现是具有非线性特征的，所以系统内的小原因可能导致大结果（霍兰，2019）。在数字生态转型初期，原有关系网络内可能存在惰性，或者与新服务生态系统存在制度失调的现象。这在系统的非线性特征影响下可能导致较小的制度失调现象引发整个数字生态战略转型的失败。

第二章

数字化平台生态系统价值创造的研究现状分析

第一节 数字化平台的概念界定

一、产业经济领域：双边市场平台

产业经济领域的文献将数字化平台视为双边市场（多边市场）平台（Armstrong，2006）。此时，平台企业是指以某个产品（服务）为核心，连接供方和需方双边（多边）市场的中介型经济组织。换言之，平台企业是指双边（多边）市场供给方和需求方之间的连接者，能够塑造公共交易界面并提供嵌入于界面中的产品（服务、技术）（朱晓红等，2019）。具体来说，平台企业是通过整合各类资源，聚集双边（多边）顾客群体，使一边顾客群体的决策影响其他边顾客群体规模的组织（Rochet and Tirole，2006）。与传统企业类型相比，平台企业是一个中介型组织。具体来说，平台企业的各边顾客都是直接进行交易，平台自身不能左右交易的进程（Hagiu and Wright，2015）。例如，淘宝平台是将买方和卖方集中起来，依托互联网技术为买卖双方提供及时发布需求信息的平台，以此解决了传统买卖双方信息不对称和交易成本高等问题，但淘宝平台自身不参与买卖双方的交易。产业经济学领域的文献将平台视为双边（多边）市场，主要是为了探讨平台企业是如何协调不同边的顾客群体之间的直接交易，进而激发顾客群体之间的网络效应（Network Effect），并增强平台企业的竞争力（Bonardi and Durand，2003）。网络效应是指顾客参与平台的价值取决于顾客在平台上能够互动的其他顾客群体的数量。该领域学者认为当平台的一边顾客受益于不同边的顾客规模时，双边（多边）平台就产生了间接网络效应（Armstrong，2006）。当一边顾客参与平台的价值是受益于同一边顾客群体的数量时，双边（多边）平台就产生了直接网络效应（Eisenmann，2008）。例如，个人用户加入新浪微博平台的价值会随着微博使用者数量的增加而增加。此时，直接网络效应（即有大量的新浪微博个人使用者）和间接网络效应（即新浪微博的互补性产品的数量增加，如国际知名品牌方加入新浪微博）会促进新浪微博双边平台（即信息发布者和接受者）的发展，进而为平台所有者（即新浪微博平台企业）提供了强大的竞争力。

二、战略管理领域：双边合作平台

战略管理领域学者将数字化平台视为双边（多边）合作平台。此时，平台企业是指以某个产品（服务）为核心，连接着上游和下游双边（多边）合作伙伴，进而构建多个合作伙伴网络的经济组织。事实上，战略管理领域学者是在产业经济学者的网络效应研究的基础上，通过关注企业如何获取竞争优势，来阐述企业的战略行为和驱动因素（McIntyre and Srinivasan，2017），主要分析平台企业的创新和竞争等问题。此时，平台生态系统作为一个商业生态系统，是由平台企业构建的合作伙伴网络。总体而言，战略管理视角下平台企业是协调安排不同利益群体，成功构建发展平台、承担治理功能并处于平台生态系统中心位置的组织（朱晓红等，2019；Eisenmann et al.，2011），是平台生态系统内的平台领导者。一方面，从平台企业视角来看，战略管理学者着重探讨平台企业如何通过企业规模（Sheremata，2004）、协作网络规模、平台企业动态能力（Helfat and Raubitschek，2018）等战略行为和驱动因素，有效激发网络效应，进而促进平台生态系统内的正向反馈；另一方面，从个体企业视角来看，战略管理学者主要探讨是否选择加入已有的生态系统、企业进入时间（Eisenmann et al.，2006）、企业在网络中的相对位置（Basole and Park，2019）等决策，研究其对个体企业绩效的影响。Gupta等（1999）发现在消费决策过程中，互补者因素是至关重要的。Boudreau和Jeppesen（2015）基于互补性视角，发现在较新的在线数字平台情境下，无偿互补者对平台安装基础增长的影响程度与有偿互补者是相似的。Ceccagnoli等（2012）检验了软件生态系统情境下，软件企业参与一个大型生态系统伙伴关系，能够增加该企业的绩效。Basole和Park（2019）将软件生态系统视为协作网络，认为该网络的结构特征（规模、关系和多样性等）会影响参与的软件企业的绩效。

三、技术管理领域：技术架构平台

技术管理领域学者将数字化平台视为技术架构平台。平台企业是指以某个技术（标准）为核心促进不同用户共同协作的经济组织。部分学者称为技术平台（Technological Platform）（Gawer，2014；Gawer and Cusumano，2014）。此时，平台企业是公共技术架构或模块化系统的开发者与运营者（朱晓红等，2019）。该领域学者认为技术平台的设计和使用有助于企业实现在生产上的规模经济，进而促进创新。换言之，平台企业通过构建基础共享区块技术，解决了顾客个性化定制和大规模生产的矛盾，进而促进了产品创新（王节祥、蔡宁，2018）。Gawer（2014）融合了产业经济双边（多边）平台市场以及商业生态系统理论，将平台划分为三种类型，分别是内部平台（Internal Platform）、供应链平台（Supply-chain Platform）和产业平台（Industry Platform）。与此同时，Gawer 和 Cusumano（2014）基于企业内外创新的视角开展研究，认为平台可以划分为两种类型：①内部创新平台。此时，平台被视为组织化资产的集合（如组件、过程、知识、人员等集合），企业可以从中有效地开发和生产一系列衍生产品。例如，本田提供了一套产品组件标准，向所有的最终产品组装商、4S 店铺、汽车修理厂提供相应的组件。这与 Gawer（2014）提出的内部平台类型是相同的。②外部创新平台。平台被视为由一个或多个企业开发的产品、服务或技术标准。此时，平台能够为更多的企业（即生态系统内其他企业）建立互补创新。例如，苹果公司设计的 iOS 操作系统作为一个外部创新平台，iOS 创新生态系统内的其他企业（如软件开发商、硬件开发商等）能够基于 iOS，开发互补性产品、技术或服务（Gawer，2009）。事实上，外部创新平台包含了 Gawer（2014）提出的供应链平台和产业平台两种类型。

四、服务营销领域：服务平台

近年来，以数字化平台生态系统为载体的数字创新现象广受营销学者的关注（Ramaswamy and Ozcan，2018a；Breidbach and Brodie，2017）。营销学者结合服务生态系统和平台生态系统理论开展研究，发现服务生态系统内的平台有两种类型，分别是在传统管理意义上的经济组织（即平台企业）和在价值创造意义上的资源配置网络（即服务平台）。具体来说，平台企业是指传统管理意义上的具象的经济组织，是平台生态系统的领导者或治理机构。服务平台是指价值创造意义上的抽象的资源配置网络关系（Lusch and Nambisan，2015），是服务生态系统内为个体行动者之间交换资源和共创价值提供支持的结构（Perks et al.，2017；Breidbach et al.，2014），通常表现为一个物理或虚拟的接触点（Breidbach et al.，2014）。

Breidbach 等（2014）根据服务平台的目标（即互动型或交换型）和状态（即物理型或虚拟型），将服务平台划分为运营型、工具型、促进型和支持型四大类，并且不同类型的服务平台相互连接，共同构成了一个服务生态系统（见图 2-1）。以 Google 平台生态系统为例，平台企业是指谷歌公司，服务平台可以是 Google Store、Android 手机、Gmail、Google App 应用市场等。因此，营销学者认为在数字平台生态系统内创造价值的过程中，研究重点应该是顾客—服务平台的互动（如 Android 手机、Gmail 等），而不是顾客—平台企业的互动。与此同时，营销学者服务平台这一构念将平台生态系统内参与互动的主体从人类行动者（即顾客或企业）扩大到非人类行动者（如 Android 手机、Gmail 等）。

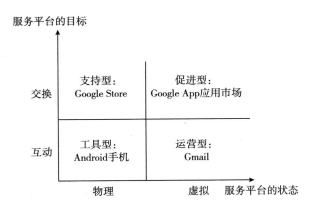

图 2-1 服务平台的种类

注：为便于读者理解服务平台，本图以 Google 参与平台生态系统为例。

资料来源：Breidbach C F，Brodie R，Hollebeek L. Beyond Virtuality：From Engagement Platforms to Engagement Ecosystems ［J］. Managing Service Quality：An International Journal，2014（24）：592-611.

第二节　以数字化平台生态系统为载体的价值创造研究现状

数字化平台生态系统是一个跨学科的构念，各领域学者尚未对其提出一个被广泛接受的理论分析框架，因此各领域以数字化平台生态系统为载体的价值创造研究的侧重点并不相同。具体分析如下：

一、产业经济学和战略管理学：共同生产系统

产业经济学和战略管理学认为数字化平台生态系统是价值的共同生产系统。产业经济学者将平台生态系统视为供需双边平台市场，探讨一边顾客群体的数量如何影响另一边顾客群体参与平台生态系统的价值；战略管理领域学者以产品（生产者）为核心，将平台生态系统视为一个商业生态系统，探讨多个企业所组成的协作网络，突出其结构属性（即网络中相对位置、协作网络规模等）和治理机制如何影响协作网络的价值。本质上，产业经济学和战略管理领域学者将平台生态系统视为一个以焦点平台企业为核心的共同生产系统，即多个利益相关者共同生产价值的场所。由此，两个领域的学者对于价值的界定更注重量化手段，将价值视为工具效用，突出其结构属性（即网络中相对位置、协作网络规模等）和治理机制（即平台领导者动态能力、参与平台规则等）是如何影响协作网络的共创价值（Basole and Park，2019；Helfat and Raubitschek，2018；Hagiu and Wright，2015）。Adner（2017）的"生态系统作为结构"理论将生态系统定义为通过互动来实现焦点价值主张的多边行动者集合的对齐结构。该视角下，

价值概念反映的是一组具有相同偏好的行动者的效用。由此，价值可能取决于互补产品和服务的可用性（Adner，2017），而不是价值链供应商签订的合约。在此基础上，Jacobides 等（2018）将生态系统视为一种以模块化、互补品以及具有互补性的生态系统参与者所构成的环境，该环境是分布式治理挑战的独特解决方案。该观点认为只有当生产和消费的互补性是独特的或者超模块化的情况下，生态系统这种非契约机制的治理方式变得尤为重要。

二、技术管理学：大规模协作的基础设施

技术管理领域学者将平台生态系统视为一个大规模行动者集体协作提供数字化技术支持的基础设施，探讨可供性（Nambisan et al.，2017）、生成性（Cennamo and Santaló，2019）、技术功能（Gawer，2014）等特征是如何影响平台用户使用价值或焦点平台企业绩效。在技术管理领域内，没有生产和消费系统的区分，而是将平台生态系统视为一个具有可供性的平台（Affordance Platform），进而被视为基础设施，价值是指该基础设施提供的能够被有效地执行的新功能或现有功能的潜力（Felin et al.，2016）。该领域学者注重分析数字化技术的特定属性对价值共创的影响。数字的可编程（Reprogrammability）、同质性（Homogeneity）特征打破了传统物理产品的形式和功能之间的紧密耦合性。数字设备能够通过简单地重新编程来执行多种不同的功能（Yoo et al.，2012），不同的软件能够随时随地访问数字化信息，从而使数字化平台生态系统能够支持比物理的制造链更灵活的功能组合，从而为大规模的行动者自组织协作提供了可能，进而促进大规模行动者之间共创价值。

三、服务营销学：所有行动者共创的服务生态系统

服务营销学者将数字化平台生态系统作为一个服务生态系统，是由所有行动者共创价值的新载体。服务生态系统视角强调制度化活动（即制度逻辑的维护、破坏和改变）是服务生态系统价值共创的核心过程（Siltaloppi et al.，2016），使价值创造的范围从以企业为中心的生产活动和以协作为中心的多个行动者网络，拓展到了更大的生态系统。基于此，如图 2-2 所示，服务创新学者开发了服务生态系统（即宏观）、服务平台（即中观）和行动者参与（即微观）三元理论框架（Breidbach and Brodie，2017），着重探讨在数字情境下行动者参与（Storbacka et al.，2016）、系统内部共享制度逻辑（Vargo and Lusch，2016）以及资源配置网络（Perks et al.，2017）等，是如何影响平台生态系统内所有行动者共创价值（Lusch and Nambisan，2015）。在此基础上，Ramaswamy 和 Ozcan（2018a）认为，价值是在个体行动者与其他行动者组合的"互动"中创造的；在互联网时代，"共创"应从顾客与企业联合领域内产品或服务的使用价值（Value-in-Use）的创造过程，转向在跨交互平台系统空间内的平台用户—平台行动者组合互动价值的创造过程。其中，互动价值的创造是通过行动者组合间的交互来实现的。行动者组合是由人工制品（Aircraft）、人（Person）、流程（Process）和接口（Interface）这四个要素组成的 APPI 组合，不同的 APPI 组合被赋予了不同的行动能力和行动模式。这一共创思维突出了数字化平台生态系统作为新型价值创造载体的核心——价值创造轨迹从产品或服务的"使用"转向了数字化平台生态系统内的"互动"。

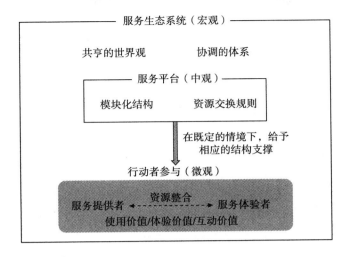

图 2-2　服务生态系统、服务平台以及行动者参与的三元理论框架

资源来源：笔者基于 Breidbach 和 Brodie（2017）与 Lusch 和 Nambisan（2015）的研究整理。

第三节　研究述评及研究的切入点

本章详细地梳理了产业经济学、战略管理学、技术管理学以及服务营销学的数字化平台以及数字化平台生态系统价值创造研究现状，与产业经济学的双边（多边）市场平台、战略管理学的双边（多边）合作平台以及技术管理学领域的技术架构平台相比，本书认为：营销学者的服务平台理论分别在价值创造研究的焦点（即是具象的平台企业还是抽象的服务平台）和价值创造主体的类别（即人类行动者和非人类行动者）这两个方面进一步拓展了平台理论的相关研究（见表 2-1）。

表 2-1　产业经济学、战略管理学、技术管理学和服务营销学的平台

	概念化	定义	价值	研究的焦点	价值创造的主体	
					行动者属性	类别
产业经济学	双边（或多边）市场平台	平台企业是指以某个产品（服务）为核心，连接着供方和需方双边（多边）市场的中介型经济组织	效用	平台企业（即具象的经济组织）	人类行动者	顾客
战略管理学	双边（或多边）合作平台	平台企业是指以某个产品（服务）为核心，连接着上游和下游双边（多边）合作伙伴，构建多个合作伙伴网络的经济组织				企业
技术管理学	技术架构平台	平台企业是指以某个技术（标准）为核心，促进不同用户共同协作的经济组织	功能			平台企业
服务营销学	服务平台	服务平台是指服务生态系统内，由有形的和无形的组件（即资源）构成的资源配置网络。服务平台是抽象的平台，能够在给定情境下，为个体行动者的价值共创提供结构性支撑	体验价值/使用价值/互动价值	服务平台（即抽象的资源配置网络关系）	人类行动者	顾客
						企业
						平台企业
					非人类行动者	人工制品（A）
						接口（I）
						流程（P）

资料来源：笔者整理。

第一，营销学者认为服务平台是在信息通信技术相关领域以及信息密集型服务情境下，以价值创造为核心的资源配置网络，是数字化平台生态系统价值创造的新路径。由此，服务生态系统本质上是一系列服务平台的集合。营销学者认为从价值创造的视角，研究人员亟须将分析焦点从具象的经济组织（即平台企业）转向抽象的资源配置网络关系（即服务平台）。这是服务营销学者从价值创造视角对平台的全新阐释。

第二，营销学者认为数字生态系统内价值共创主体是具有复杂性的，即参与互动的主体不仅有人类行动者，还有非人类行动者（如 AI 数字人、虚拟助

理等）。更为重要的是，非人类行动者在价值共创过程中有着至关重要的作用（Nambisan et al.，2017；Breidbach and Maglio，2016）。服务平台概念突出了人类行动者和非人类行动者的互动创造价值（Ramaswamy and Ozcan，2018a）。例如，数字平台情境下，顾客通过与顾客、企业、数字技术以及服务平台的互动，共同创造了体验价值（Hollebeek et al.，2019；Hollebeek，2019）。这些都是以信息为中心和以体验价值创造实践为核心的。然而，产业经济学者和战略管理领域学者将平台生态系统视为一个以焦点平台企业为核心的共同生产系统，即多个利益相关者共同生产价值的场所。由此，两个领域的学者对于价值的界定更注重量化手段，将价值视为工具效用。技术管理领域学者将平台生态系统视为一个以技术（标准）为核心所构建的基础支撑，探讨数字技术特征如何影响平台所有者（平台领导者）的企业绩效。因此，双边市场平台、双边合作平台和技术架构平台都是以人（即顾客、企业和平台企业）为核心的。

值得关注的是：第一，服务平台理论学者认为数字化平台服务生态系统的价值创造研究的核心应从具象的经济组织（即平台企业），转向抽象的资源配置网络关系（即服务平台）；第二，近年来，Vargo 等（2023）学者多次倡导营销学者要结合复杂系统和涌现理论，将服务生态系统视为一个复杂系统，将其价值创造视为一个复杂的自适应的过程，这是非常具有学术价值的新兴议题。

以上启发了笔者进一步思考：从复杂系统的视角，数字化平台服务生态系统价值创造的研究核心应从"平面的网状关系"进一步转向为"复杂系统关系"（即本书的价值复杂适应系统)[①]；平台服务生态系统作为一个"整体"，其价值是从系统内各"部分"（如表 2-1 所示的服务平台、平台企业、个体行动者等）之间的相互作用中涌现生成的。在此研究目的和理论启发下，本书

---

① 具体请见本书第四章第三节。本书基于复杂适应系统理论视角，认为数字化平台服务生态系统的价值创造载体是价值复杂适应系统。

分析发现了现有研究中存在的不足之处（见图 2-3），由此提出了本书的研究内容。具体分析如下：

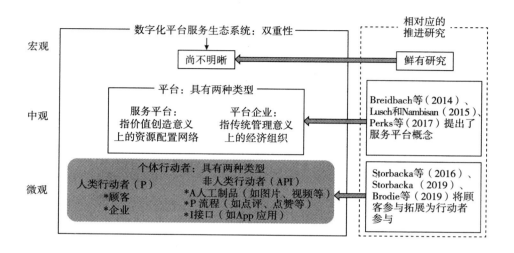

图 2-3　现有数字化平台服务生态系统研究的不足

资料来源：笔者整理。

（1）现有服务生态系统、服务平台和行动者参与的三元理论框架忽视了数字化平台生态系统作为一个服务生态系统（即数字化平台服务生态系统）时，其本身具有双重性。该理论框架阐释了在数字化平台服务生态系统内，微观层次的个体行动者（即价值创造主体的类别方面）和中观层次的平台（即价值创造研究的分析焦点）都有两种类型。在此基础上，营销学者分别提出了行动者参与和服务平台的推进研究。那么，宏观层次上的平台服务生态系统是否具有双重性？从价值创造视角该如何理解数字化平台服务生态系统的双重性？目前尚未有学者对数字化平台服务生态系统的双重性展开研究。

本书认为基于复杂适应系统视角，数字化平台服务生态系统是具有双重性的。一方面，数字化平台服务生态系统可以被视为对象性资源，即是被动的，能够作为情境资源被个体行动者利用和整合。另一方面，平台服务生态系统可被视为可操作性资源，即具有主动性，能够作为一个系统级别的资源整合者（即系统作为一个"整体"）主动地发起资源整合行为，涌现生成系统级别的新价值。因此，本书基于复杂适应系统理论和涌现理论，探讨数字化平台服务生态系统价值创造的复杂性及涌现性，以期补充数字化平台服务生态系统双重性的研究。

（2）现有研究关注的是数字化平台服务生态系统内部的横向互动，即同一水平层次的互动，例如，顾客与顾客二元互动（Hollebeek，2019）、顾客与技术二元互动（Brodie et al.，2019）等；忽视了系统内非线性互动（即跨微观、中观以及宏观层次迭代）的机制研究。数字化平台生态系统的价值创造研究是一个跨学科的理论研究，囊括了信息系统领域的技术生成性（Generativity）特征（Cennamo and Santaló，2019；Yoo et al.，2012）、战略管理领域的"生态系统作为结构"战略（Adner，2017）以及市场营销领域的价值共创理论（Vargo and Lusch，2016）。这些研究大部分都是独立发展的，鲜有研究尝试探索不同领域理论之间的协同作用。2017 年以来，服务营销学者一直倡导着引入系统理论，从复杂性的视角来审视服务生态系统的价值创造机理（Polese et al.，2020；Vargo et al.，2017）。这些研究处于对复杂系统、涌现等构念的引入和描述阶段。复杂适应系统最为重要的特征是涌现（Schneider and Somers，2006）。然而，针对涌现这一构念的非线性互动（即跨微观、中观以及宏观层次迭代）的机制研究，服务生态系统理论界仍处于空白阶段。数字化平台服务生态系统作为一个复杂适应系统，其"部分"是什么？其非线性相互作用是什么？该如何从复杂系统视角重新审视现有各领域的数字化平台服务生态系统价值创造的研究？在数字情境下，基于复杂系统视角的价值创造体系是不是一种全新的价值创造模式？该价值创造模式与现有价值共创模式的关系是什么？这些问题亟须解决。

本书研究的价值涌现模式正揭示了数字化平台服务生态系统内的非线性互动的本质。本书认为在数字生态时代，价值创造体系正从"共创型"转向"涌现型"。从复杂适应系统视角，平台企业、对等行动者、企业以及系统内制度环境等都是属于平台服务生态系统的"部分"；平台服务生态系统是一个复杂系统，是由众多子系统动态相互作用所组成的"整体"。据此，本书在第三章引入了复杂适应系统和涌现理论、操作性资源层级理论、异质性资源整合理论等作为本书研究的理论基础。然后，本书在第四章运用"部分"与"整体"的关系，将服务营销领域、战略管理领域以及信息系统领域的研究整合起来，重新解读平台服务生态系统的组成部分，进而阐述了数字化平台服务生态系统具有复杂适应系统的特点和涌现属性，可以运用复杂适应系统的理论逻辑和思维方式去理解和探讨数字化平台服务生态系统的价值创造研究。因此，本书认为数字化平台服务生态系统价值创造的研究范式应该从"价值共创"转向"价值涌现"。

（3）鲜有研究从复杂系统视角，揭示数字化平台服务生态系统的涌现价值。基于复杂适应系统理论视角，表2-1所示的平台企业、服务平台、顾客、企业等都是平台服务生态系统的"部分"。因此，现有价值共创理论的使用价值（Grönroos and Voima，2013）、情境价值（Chandler and Vargo，2011）、体验价值（Akaka et al.，2015）以及互动价值（Ramaswamy and Ozcan，2018a，2018b）都是指平台服务生态系统"部分"获得的价值，不能阐释平台服务生态系统作为一个"整体"涌现生成的价值。本书基于复杂系统视角，展开进一步思考，认为平台服务生态系统的涌现价值是由部分—部分相互作用、部分—整体相互作用以及整体—部分相互作用迭代生成的系统级别新资源。据此，本书选择了大众点评平台服务生态系统为案例，结合了Lugosi和Quinton（2018）基于行动者网络理论改进的网络志方法和多元扎根理论，以此揭示在数字化平台服务生态系统内,"部分"与"整体"之间复杂的相互作用涌现生成的新价值的本质和维度。在此基础上,本书进一步探讨了价值涌现模式对服务主导逻辑的推进研究的理论贡献以及对企业数字生态系统战略的指导意义。

第三章

相关理论基础

　　本章通过系统地梳理了相关理论文献，认为针对数字化平台服务生态系统的价值创造过程有以下几点启示：第一，组织管理学者 Schneider 和 Somers（2006）指出，相较于一般系统理论而言，复杂系统理论是具有进化性的，更符合研究社会现象需要。因此，本书选择复杂适应系统理论来研究数字化平台服务生态系统，是具有较大理论意义的。与此同时，本章第一节归纳的复杂适应系统的五个特征，是本书在第四章的第一节将数字化平台服务生态系统概念化为"数字化平台复杂适应系统"的理论依据。第二，现有文献对涌现概念的界定较多。本书结合本章的表3-2，针对涌现相关的构念界定，归纳了四个共同点。这正是本书在第四章第二节引入的理论基础。第三，数字化平台服务生态系统作为一个复杂适应系统，其自身结构是涌现形成的。依据本章的异质性资源整合理论和操作性资源层级理论，涌现属性的不可还原性特征意味着：数字化平台服务生态系统内的基础型操作性资源本身是无法解释在生态系统内价值创造过程中较高层次的现象。研究者需要考虑系统内基础型操作性资源、组合型操作性资源之间相互作用越复杂，越有可能涌现生成更高层次的新属性，即互连型操作性资源。这为本书的涌现价值研究提供了理论依据。第四，异质性资源整合的分层和依存特性体现了：新价值可能是数字化平台生态系统这一"整体"层次水平的涌现属性。在价值创造过程中，由于受到特定的时间和空间条件限制（即依存特定的基础型操作性资源），异质性资源整合会产生不同的结果（即产生新价值）。因此，本书认为基础资源之间的跨层次相互作用、时效性是影响涌现价值生成的重要因素，这为本书向上因果力动力机制的"活动资源复杂性"构念提供了理论依据。

第一节 复杂适应系统理论

一、复杂适应系统的概念界定

复杂适应系统（Complex Adaptive Systems，CAS）理论发展至今，已然在复杂性研究领域占据重要地位。复杂适应系统是以反馈和自调整为特征的动态复杂系统，是美国圣塔菲研究所（Santa Fe Institute）的重要课题之一，其核心理念是"适应性造就复杂性"（霍兰，2019）。国内学者苗东升（2016）认为"霍兰命题"集中反映了 Santa Fe 学派对复杂性的基本共识：复杂适应系统的复杂性不是指传统的大量零件和组成部分，而是表达了一种丰富的互联和动态相互作用的感觉，是对简单性进行整合或组织而涌现的结果。正如学者 Cilliers（1998）描述："如果一个系统可以用它的单个组成部分给出一个完整的描述（尽管有大量的组成部分），那么，它是复合的（Complicate）；如果一个系统的关系不能通过分析它的各个组成部分完全解释，因为它是不固定的、是变化的，那么它是复杂的（Complex）。"这种复杂性导致了涌现。总体而言，复杂适应系统是由其组成部分聚集而成，组成部分之间存在着广泛的相互作用，使系统能够改变自身行为以适应外部环境的变化（苗东升，2016）。

复杂适应系统理论已被不同学科广泛应用，并交叉发展了很多新理论。管理学领域有复杂领导理论（Uhl-Bien and Arena，2018；Uhl-Bien and Marion，2009；Uhl-Bien et al.，2007）、供应链复杂管理理论（Nair and Reed-Tsochas，2019；Choi et al.，2001）、团队效率研究（Kozlowski and Chao，2012）等；社会学领域有社会涌现理论（Sawyer，2001）、社会复杂适应系统（Keshavarz et al.，2010）；哲学领域有系统涌现论（Bunge，2003）；生命科学领域有生命系统理论（Capra and Luisi，2014）等。尽管学者依据自身学科领域特点对复杂适应系统理论提出了很多不同的见解，但是普遍认为复杂适应系统是由三个重要组成部分所涌现（Emergence）生成的：行动者（Agent，Actor）、相互作用（Interaction）以及内部环境（Nair and Reed-Tsochas，2019）。具体如图3-1所示。

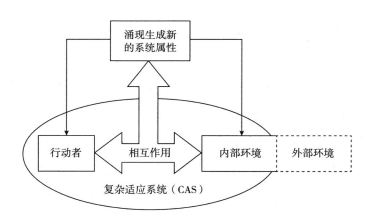

图3-1 复杂适应系统组成部分

资料来源：笔者依据 Nair 和 Reed-Tsochas（2019）的研究修改。

（1）行动者。行动者是构成复杂适应系统最基础的元素，表示构成系统的个体。行动者具有适应性，能够主动感受环境变化，进行自我学习，主动地调整和改变自己的行为，以便能动地适应环境（苗东升，2016）。学者可依据自身研究目的，将行动者表示为各种各样的实体，如人、组织、蚂蚁、神经元，甚至某个概念等。Choi 等（2001）认为"适应性行动者"是复杂适应系统最为基本的特征，并将行动者的适应性特征定义为：在事件发展过程中，行动者具有能够有意义地干预的能力。因此，行动者的适应性是区别复杂适应系统与其他复杂系统的重要依据。行动者的适应性行为可视为由一组规则所决定，可以用刺激—响应规则（Stimulus-Response Rules）来表达。

（2）相互作用。相互作用是复杂适应系统中最常见的结构，能够捕获行动者之间以及行动者与环境间的适应性行为。要构成一个复杂系统，组成部分之间必须是有着相互作用，而且这种相互作用必定是非线性动力的（Cilliers，1998）。这是因为复杂适应系统涉及行动者之间以及行动者与环境之间的跨层次的相互作用，这些大规模的相互作用的"纠缠"保证了小原因可能导致大结果，或者大原因导致了小结果。在复杂适应系统中，任何元素都在影响若干其他元素，并同时会受到其他元素的影响（Cilliers，1998）。这种非线性相互作用是复杂系统诞生涌现属性的来源。

（3）内部环境。内部环境是行动者及其相互作用的载体（Nan，2011），与行动者和相互作用共同构成了复杂适应系统。Shapiro（1964）认为应将环境视为系统的一部分，而不是系统之外的存在。Nair 和 Reed-Tsochas（2019）提出"已解释和已制定的环境"是复杂适应系统的组成部分，进而可将环境分类为内部环境和外部环境。"已解释和已制定的环境"是复杂适应系统的内部环境，是指系统内部行动者直接相互作用的系统内部制度情境。与之相比，不在复杂适应系统范围内的环境部分，则是外部环境。内部环境和外部环境之间的边界是动态的，这导致了随着时间的流逝，行动者能够主动与外界环境的资源进行互动。

二、复杂适应系统的特征

组织管理学者 Schneider 和 Somers（2006）指出，复杂系统理论与一般系统理论相比具有进化性，更符合研究社会现象需要。一般系统理论以开放系统而闻名，复杂系统理论关注的是复杂适应系统。Schneider 和 Somers（2006）在 Katz 和 Kahn（1978）研究的基础上，对复杂适应系统和开放系统的特征进行了比较（见表 3-1），发现了两个系统的特征既存在一定的相似之处，又具有显著差异。

表 3-1　复杂适应系统与开放系统的差异

开放系统特征		复杂适应系统特征	
1. 能量的输入	能量是从环境中输入的	1. 能量的输入	能量是从环境中输入的
2. 吞吐量	通过能量的使用来进行输入的转换	2. 吞吐量	通过能量的使用来进行输入的转换
3. 输出	系统的产出将输入到环境中	3. 输出	系统的产出将输入到环境中
4. 周期性	系统事件是由循环结构形成的	4. 混沌	复杂适应系统是一种处于混沌边缘的平衡系统，具有适应性
5. 负熵	转换周期是熵的周期，导致混乱或死亡。为了生存，通过从环境中存储能量来获取负熵	5. 涌现	由系统组成部分之间相互作用导致的活动，该活动不是由环境引起的
6. 信息输入、负反馈、编码过程	输入包括有关环境和系统功能的信息和信号，以及已转换的材料。负反馈允许进行必要的校正。信息必须经过适当编码才能有意义	6. 信息输入、负反馈、编码过程	系统组成部分之间的相互作用是基于需求的、自下而上的和涌现并且与催化剂和反馈机制的存在相关
7. 稳态和动态稳态	基本原则是保留系统的特征。在对抗熵的过程中，系统趋向于增长和扩展，因为它们趋向于引入比所需更多的能量	7. 适应	基本原则是保留和适应系统特征
8. 分化	朝着更大的差异化、专业化和精细化发展	8. 分化	N（子单元数）与系统内变量 K 和 P 以及系统间变量 C 混合，以实现平衡系统
9. 整合与协调	为了应对更大分化的趋势，必须进行更大的整合和协调	9. 整合与协调	系统内变量 K 和 P 与 N 和系统间变量 C 混合以实现平衡系统

续表

	开放系统特征		复杂适应系统特征
10. 等价性	可以通过不同的条件和多种途径来达到相同的最终状态	10. 路径依赖	由于对初始条件的敏感性，可能会达到唯一的最终状态

资料来源：Schneider 和 Somers（2006）的研究。

Gomersall（2018）总结了社会复杂适应系统的五个特征：①复杂适应系统由异质的行动者组成。复杂适应系统描述了一组能够相对性自由来决定自身行为的行动者组合。在改变行为的干预情境下，不同的行动者具有不同知识、权力和政治地位进入系统。复杂适应系统内各个行动者是相互作用的，因此，单个行动者的每一个行为都会影响其他行动者所处的情境，进而对所有后续行为都有连锁反应。②分布式（网络）控制。复杂适应系统由大量异质的行动者组成，并且每个复杂适应系统都与其他系统进行交互。因此，复杂适应系统的行为控制是分布式的，而不是层级式的（Axelrod and Cohen，2000）。复杂适应系统的组成部分之间相互作用的每一个变化都会引起系统的响应，使系统具有动态性、适应性和生产性。因此，自上而下进行系统控制不仅困难且成本高昂，还往往会阻碍个体行动者的创造性能力，进而导致与干预规划者目标背道而驰的难以预测的结果。③涌现。复杂适应系统的整体行为显示了在单个行动者行为级别上所看不到的属性。这种从局部环境中相互作用的行动者发展出更高层次的属性、结构或特征等，被复杂系统理论学者称为涌现。④适应。由于社会环境是动态变化的，社会复杂适应系统内的行动者会不断改变自身行为以适应局部环境的变化。正如 Miller 和 Page（2007）所述，混沌边缘存在着复杂适应系统。因此，社会复杂适应系统不是停滞不前，而是介于稳定和不稳定之间，进而不断地进化。⑤非线性。复杂适应系统的行动者之间存在着跨层次的相互作用，因此，当社会复杂适应系统输入相同的初始条件（即所实施的干预措施），最终可能获得截然相反的系统级别的结果。

综上所述，虽然不同学科的学者对于复杂适应系统特征描述有所不同，但具有五个共性特征：①复杂适应系统是自组织的；②复杂适应系统的行动者具有多样性；③复杂适应系统是开源的；④复杂适应系统具有适应性，能够动态进化；⑤复杂适应系统具有非线性。这是本书在第四章的第一节将平台服务生态系统概念化为平台复杂适应系统的理论依据。

第二节　涌现理论

一、涌现的概念界定

"涌现"的概念由来已久，被广泛应用于科学哲学、心灵哲学、生物学、物理学以及社会哲学等领域，近些年又与复杂性理论相结合（Holland，1998），成为了复杂适应系统理论的核心议题之一。Santa Fe 的学者基于"霍兰命题"——"适应性造就复杂性"的基本思想，探讨涌现的机理，从系统内部的能动性出发，认为复杂适应系统在与外部环境相互作用的过程中，借助于物质、能量和信息交换，得以实现系统内部的结构和功能的变化。

事实上，Santa Fe 的学者并没有对涌现这一概念作精确定义，认为通过考察种种现实存在的涌现现象，归纳概括涌现的一般属性，是唯一可行的方法。涌现现象体现了"复杂的事物是从小而简单的事物中发展而来的"（Holland，1998），换言之，"涌现的本质就是由小生大，由简入繁"（苗东升，2016）。涉及涌现概念的文献，可以追溯到 Ablowitz（1939）的研究，该学者将涌现概括为"整体大于部分之和"。具体是指实体（Entities）作为组成部分聚合在一起，会产生一个复杂且具有新品质（New Qualities）的新实体（New Entity）。

近些年，各领域学者开始重视对涌现概念的理论探讨（见表3-2）。复杂系统理论学者 Goldstein（1999）认为，当研究者注重从跨系统组织视角，而不是局限于某个部分或某个属性来理解复杂系统动力时候，涌现结构就会显现出来。因此，涌现是指复杂系统自组织过程中所呈现的新颖且连贯的结构、模式和属性。国内学者苗东升（2016）认为，系统的整体涌现性指的是系统的整体形态、结构、属性、行为模式的创新，而非组分基质的改变。Bhaskar（2008）将涌现定义为一个从现有材料中所诞生的无法预测的新实体、结构、整体或概念。Bunge（2003）则指出部分生物学家和社会学家在运用涌现概念时候，存在了从本体论范畴和认知论范畴的涌现概念的混淆的现象。具体而言，从本体论视角，涌现的概念是指具有新质的事物的出现；从认识论视角，涌现是指来自低层次的不可预言性。基于此，Bunge（2003）认为，没有事物，也就没有属性。当学者探讨某个属性是如何涌现的，相当于在探讨具有涌现属性的事物是如何产生的，也就是涌现机理的问题。因此，Bunge（2003）的系统论观点将涌现定义为：如果一个复杂事物的构成部分或者这个物体的母体都不具有某个特性，那么该复杂物体所具有的这个特性就说成是涌现的。

表3-2 现有文献对涌现概念的界定

文献	定义
Uhl-Bien 和 Arena（2017）	涌现是指系统中的主体（如人、信息、技术、资源等）相结合，以应对复杂多变的环境，由此创造了某种以往事物所不存在的新秩序
Waller 等（2016）	团队涌现现象源自于团队成员的行为，包括涌现的状态、行为模式和结构
Capra 和 Luisi（2014）	涌现属性是指通过将较低复杂度的部分放在一起，形成了较高复杂度的整体时，所涌现出来的新属性。这些属性在某种意义上是新颖的属性。它们不存在于部分之中，是由各个部分之间的特定关系和非线性相互作用中产生的
Kozlowski（2012）	涌现是一个自下而上过程的结果，具体来说，是源自于低层次的现象和结构，通过社会互动和社会交换，组合形成了一个较高层次的集体水平的现象或结构

文献	定义
Kozlowski 和 Chao（2012）	涌现是指较低层次的系统元素发生相互作用，并在此动力下系统内产生了更高层次现象的过程
苗东升（2016）	系统的整体涌现性指的是系统的整体形态、结构、属性、行为模式的创新，而非组分基质的改变
Bhaskar（2008）	涌现属性是一个从现有材料中诞生的无法预测的新实体、新结构、新能力或新概念等
Bunge（2003）	如果一个复杂事物的构成部分或者这个事物的母体都不具有某个特性，那么，该复杂事物所具有的这个特性就说成是涌现的。假设 P 是 K 类系统的一个涌现的属性，就意味着 P 是 K 类系统的一个普遍的（共同或不可分的）属性，且系统的所有组成部分中都不含 P
Lissack 和 Letiche（2002）	涌现可以被视为是一个针对概念、情境、过程或者实体的认知（或者本体论状态归属），此时处于与先前观察层次所不同的层次，并且不能被先前观察层次来预测或者计算……涌现是耦合的，是与情境相关的相互作用的产物
Klein 和 Kozlowski（2000）	当一种现象起源于个人的认知、情感、行为或其他特征时，并通过其相互作用而放大，表现为更高层次的集体现象，这就是涌现现象
Sawyer（2001）	涌现系统是一个复杂动力系统，其系统级别的行为不能通过组成部分的完整描述来预测
Goldstein（1999）	当研究者注重于跨系统的视角，而不是局限于从某个部分或属性来理解复杂系统动力时，涌现结构就会显现出来。涌现是指复杂系统自组织过程中所呈现的新颖且连贯的结构、模式和属性

资料来源：笔者整理。

在管理学领域，组织行为学学者运用复杂系统理论深入探讨了团队效率研究（Kozlowski，2012；Kozlowski and Chao，2012）、复杂领导研究（Uhl-Bien and Arena，2017，2018；Uhl-Bien and Marion，2009；Uhl-Bien et al.，2007）、团队动力研究（Waller et al.，2016），并结合自身研究目的，重新界定了涌现。Klein 和 Kozlowski（2000）认为，当一种现象起源于个人的认知、情感、行为或其他特征时，并通过其相互作用而放大，并表现为更高层次的集体现象，这种就是涌现现象。Kozlowski（2012）认为，涌现是一个自下而上（Bottom-Up）过程的结果，具体来说，是源自于低层次的现象和结构，通过社会互动和社会交换，组合形成了一个较高层次的集体水平的现象或结构。Kozlowski 和 Chao（2012）认为，组织中的涌现现象有：①源自于较低层次的元素的动态交互过程；②会受到高层次结构的约束；③其形式是可变的。Uhl-Bien 和 Arena（2017）将涌现定义为网状系统中的主体（人、信息、技术和资源）面对一个随时可能发生变化的环境，相互结合在一起，以创造某种以往的事物所不存在的新秩序。与此同时，在复杂领导理论中，涌现被视为是由适应性函数（即适应性领导和复杂系统动力的相互作用）驱动的（Uhl-Bien et al.，2007）。Waller 等（2016）提出了一个较为宽泛的界定，认为团队涌现现象源自于团队成员的行为，包括了涌现状态、行为模式和结构。具体来说，团队涌现现象可能是：①状态，如集体认知、情感或其他相对持久的属性；②行为模式，如对话惯例、冲突解决或寻求反馈；③结构，如子层次结构。

综上所述，现有文献对涌现概念的界定较多，结合表3-2，本书针对涌现相关构念界定归纳了四个共同点：①涌现是指一个由系统各"部分"构成更高层次"新整体"的动态过程，此时，"新整体"是不能还原为"部分"之和；②各"部分"之间的某种相互作用促进了更高层次"新整体"的涌现形成；③涌现属性是指涌现形成"新整体"的过程中所诞生的新现象、新结构、新机制或新概念等；④涌现属性具有"向下因果力"，能够约束低层次的"部分"。这是本书在第四章提炼价值涌现和涌现价值构念的理论基础。

二、涌现的特征

（1）全局性，即指涌现现象发生在一个较高层次。该特征体现了跨层次相互作用是涌现的基础。全局性是指涌现现象发生在一个较高层次（Goldstein，1999）。发生涌现现象的复杂系统不仅包含了大规模的组成部分，还涉及了组成部分之间的跨层次相互作用，因此，涌现是属于一个系统级别全局性现象（苗东升，2016）。同时，该特征也体现了涌现的依随性，即涌现现象依附于低层次组成部分的因果关系（Goldstein，1999），换言之，涌现现象是一个更高的或者全局层次上的独特存在，并且需要依赖于较低层次的动态相互作用才有意义（Bedau and Humphreys，2008；Bunge，2003）。

（2）连贯性，是指随着时间的推移，涌现的"整体"能够维持身份不变。连贯性是指涌现现象作为一个整体，能够在一段时间内具有持久性（Goldstein，1999），进而向微观层次施加向下因果力（Lichtenstein，2014）。事实上，涌现这一概念融合了两种观点：质变的新生事物和其过程中的概率（Bunge，2003），因此，涌现属性随着时间的推移，既有可能保持，又有可能湮灭。涌现现象作为一个连贯的现象（Lissack and Letiche，2002），是有可能向低层次组成部分施加潜在影响。这也表明，一个复杂系统的某个涌现属性是具有惯性的，很难突然发生改变。因此，涌现现象的每一种表现形式都会在一定程度上不同于先前的表现形式。

（3）显现性，是指涌现是可识别的现象。涌现现象的显性特征意味着它能被组成部分所识别（Goldstein，1999）。虽然复杂系统理论界对于此特征存在着大量的争论（Corning，2002），但是管理学领域和社会学领域学者普遍认为涌现现象是可被识别的。这是因为管理学领域集中探讨的是系统级别的涌现现象会对个体层次的感觉、体验、感知等产生什么影响，所以，显性特征是管理学和社会学学者研究涌现现象的基础。

（4）恒新性，是指出现了系统内以前未观察到的特征。该特征是建立在涌现现象全局性特征基础上的，是指涌现属性作为复杂系统的整体属性，是复杂系统组成部分以往所未能识别的新的质（Bunge，2003；Goldstein，1999），是不可还原的。这意味着复杂系统的涌现属性超越了其组成部分的存在，即使组成部分对其有了充分的了解，其结果也是无法预测的（Lichtenstein，2014），这也是复杂适应系统的非线性动力的本质。换句话说，涌现属性作为一个新颖的质，是不存在于组成部分之中的，而是由复杂适应系统的组成部分（即行动者、内部环境和相互作用）通过非线性作用产生的（Capra and Luisi，2014）。事实上，涌现预示着新系统的产生，只是它的结构一开始并不显露（Bunge，2003）。

第三节　操作性资源层级理论

一、资源的类别

Barney（1991）将资源划分为物质资本、人力资源和组织资源。资源优势理论（Resource-Advantage Theory，R-A）（Hunt and Morgan，1995，2005）将Barney 的研究更加细化，将资源分类为金融（如现金和金融市场）、物理（如工厂和设备）、法律（如商标和许可证）、人（如员工的技能和知识）、组织（如能力、控制和文化）、信息（如消费者偏好信息）以及关系（如供应商与顾客间的关系）。Constantin 和 Lusch（1994）将资源划分为对象性资源和操作性资源。在 R-A 理论内，对象性资源通常是指物理性（如原材料等）相关的资源，操作性资源通常是人力、组织、信息、关系。随着服务主导逻辑的发展，营销学理论界普遍认同对象性资源和操作性资源的分类标准。动态能力是指企业整合、构建和重新配置内部与外部竞争力以应对快速变化环境的能力（Teece et al.，1997）。Madhavaram 和 Hunt（2008）将动态能力定义为：在快速变化的环境中，任何使企业能够自我调整，以便更有效地为市场提供产品或服务的能力，就视为动态能力。基于此，Madhavaram 和 Hunt（2008）将动态能力视为企业组织的操作性资源，认为该操作性资源是具有层级的，是企业基础资源的集合。

二、操作性资源的层次结构

据此，Madhavaram 和 Hunt（2008）基于 R-A 理论的基础资源和高阶资源的层级理论，提出了操作性资源的层级理论（A Hierarchy of Operant Resources）。具体来说，该理论认为操作性资源是具有层级的，可划分为基础型操作性资源（Basic Operant Resources，BORs）、组合型操作性资源（Composite Operant Resources，CORs）以及互连型操作性资源（Interconnected Operant Resources，IORs）（见图 3-2）。

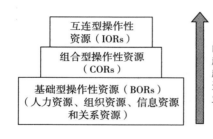

图 3-2　操作性资源层级理论示例

资料来源：Madhavaram S，Hunt S D. The Service – Dominant Logic and a Hierarchy of Operant Resources：Developing Masterful Operant Resources and Implications for Marketing Strategy ［J］. Journal of the Academy of Marketing Science，2008（36）：67-82.

①基础型操作性资源（BORs）被视为企业组织底层的、较低层次的、形成高阶资源的"模块"资源，如员工个人的技能和知识等资源。②组合型操作性资源（CORs）是两种或两种以上不同种类的、具有低相互作用的基础型操作资源的组合，这些资源共同使企业能够有效地运营。较低阶的资源能够通过相互作用组合在一起形成新的操作性资源，这表明每一种低阶资源的增加都有助于企业获得组合型操作性资源。通常组合型操作性资源是能够被测量的，

例如：资源 A+资源 B+资源 C=组合型操作性资源 D。需要注意的是，研究人员依据自身研究目的，可能会出现针对某个资源在一个研究中被视为基础型操作性资源，在另一个研究中被视为组合型操作性资源。这是因为操作性资源层级是依据具体研究问题的相对层级来划分的。③互连型操作性资源（IORs）概念与组合型操作性资源相似，但是，互连型操作性资源更强调其构成的基础操作性资源之间的相互作用是复杂的。互连型操作性资源是由两种及两种以上的不同的低阶操作性资源（BORs 或 CORs）的相互作用而生成的。每一种低阶的资源（BORs 或 CORs）之间的相互作用是错综复杂的。与组合型操作性资源不同，构成互连型操作性资源的低阶资源（BORs 或 CORs）通过相互作用来相互影响，其度量方式是复杂的。例如，互连型操作性资源 IORs 是由低阶的基础资源 A、B 和 C 所构成，那么，研究人员在测量 IORs 对企业绩效的影响时候，需要分别审视 A、B、C、A×B、A×C、B×C、A×B×C 这 7 种资源独立的、少量组合的以及 7 种资源之间共同对企业绩效的影响。因此，互连型操作性资源的测量难度非常大。

基于 R-A 理论（Hunt and Morgan，1995，2005），Madhavaram 和 Hunt（2008）认为，随着操作性资源的层级的增加，不同阶级的资源的竞争优势的可持续性、获取或开发的金钱成本、获取或开发所需要的时间成本，以及企业开发过程中的承诺都会增加（见图 3-2 和表 3-3）。由此，随着操作性资源的层级的增加，操作性资源会变得更加独特和不可替代。

表 3-3　操作性资源的层级以及特征

层级	概念解释	特征
基本型操作资源（BORs）	企业可获得的有形或无形实体，能够促进生产效率，以及能够为某些细分市场有效地进行市场供应	可获得和可发展
		较容易测量
		很难保持竞争力优势

续表

层级	概念解释	特征
组合型操作资源（CORs）	两个或两个以上不同的 BORs 组合，这些资源共同地促进企业生产效率，或者有效地评估市场供应	开发和获取难度稍大点
		可以用定量的方式测量（例如：资源 A+资源 B=组合型资源 C）
		较低程度上，能提高企业的竞争优势
互连型操作资源（IORs）	由两个或两个以上不同的 CORs 组合，其中低阶资源相互作用和相互强化能够促进企业有效地生产和评估市场产品	开发和获取的难度非常大
		由其组成部分之间的相互作用的一组关系来测量
		能够持续性地提高企业竞争优势

资料来源：Madhavaram S, Hunt S D. The Service - Dominant Logic and a Hierarchy of Operant Resources：Developing Masterful Operant Resources and Implications for Marketing Strategy ［J］. Journal of the Academy of Marketing Science，2008（36）：67-82.

第四节　异质性资源整合理论

一、异质性资源整合的概念界定

尽管资源整合一直是价值共创文献的热门话题，但基于系统视角来理解资源整合机制，以及对资源整合者的参与实践过程中的协作方式的研究还处于起步阶段（Peters，2016）。Peters（2016）基于服务生态系统视角提出资源整合应划分为同质性资源整合（Homopathic Resource Integration）和异质性资源整合（Heteropathic Resource Integration）。其中，同质性资源整合是指基于资源叠加效应（Summative Effect）的资源整合，即整体等于部分之和。异质性资源整合是基于涌现效应（Emergent Effect）的资源整合过程。涌现是指由较低层次组成部分之间的相互作用中诞生了新的具有涌现性属性（如新实体、新结构、新概念、新机制等）的过程。因此，异质性资源整合是指基础资源的相互作用，产生系统级别的相互依赖关系，进而诞生了高于基础资源的新实体，即整体大于部分之和。然而，无论是时间还是空间上，具有涌现性的新实体都是依赖于低层次的基础资源的。异质性资源整合所诞生的具有涌现属性的新实体是影响生态系统价值共创的重要因素。因此，异质资源整合是生态系统所独有的资源整合类型。

二、异质性资源整合的特征

（一）不可还原性

异质性资源整合本质上来看是一个不可还原的过程。这是因为涌现属性具有新颖性（即以往从未出现过）和不可预测（即无法被预测）的特性（Alexander，1966）。因此，异质性资源整合过程中，涌现属性是不能被简单还原为较低层次的组成部分之和。在理解服务生态系统的价值创造过程时，研究人员需要区分某个价值创造实例是属于能够还原为组成部分（即行动者、资源等）之和（即同质性资源整合），还是属于不能够还原为组成部分作用之和（即异质性资源整合）。

（二）分层和依存性

分层（Stratification）是指复杂系统内微观、中观和宏观层次是相互嵌套的（Mingers，2014），不同层次水平的事件和结构是不同的。因此，基于序内定律的同质性资源整合结果仍然属于同一个秩序内的，即扁平的。基于跨序定律的异质性资源整合结果则是属于不同层次水平的，具体来说是指异质性资源整合生成的较高层次的涌现属性与其基础资源本身是处于复杂系统内不同层次水平的，本质上是完全不同的两种事物。然而，这些涌现新资源又会依赖于较低层次的基础资源，即具有依存性（Supervenience）。在理解服务生态系统的价值创造过程时，研究人员需要关注的是价值（即较高层次涌现属性）作为一个现象学解释，不仅与异质性资源整合过程中出现的事件（即较低层次的组成部分）相关，还与行动者自身对这些事件的感知或认知也有关系。因此，异质性资源整合诞生的新涌现属性会高于其构成的基础资源（即分层），但是又会在时间和空间上都会依存于较低层次的基础资源。

（三）向下因果效应

向下因果关系（Downward Causation）是涌现哲学的一个重要问题（Lawson，2013）。一个整体是由各组成部分之间的相互作用中涌现的，那么，它就具有约束和促进其组成部分行为的涌现属性（DeLanda，2019）。这意味着涌现属性既具有向上因果力，即生于组成部分的相互作用，又具有向下因果力，即对组成部分具有约束和促进作用（苗东升，2016）。Murphy（2006）将向下因果关系视为一种较高层次的涌现属性（即依存于较低层次过程）对较低层次过程的选择。以态度、心理意向、体验为例，这些（即视为涌现属性）都是与某些事物（Thing）相关，本质上是表征的。它们依赖于人自身（即人的内在本质）和环境之间的关系，这种关系可能是历史的，也可能是社会的。这对于服务主导逻辑的资源性有一定的启示。资源性被定义为潜在资源通过人的评价和行动过程，被转化为可识别的资源（Lusch and Vargo，2014）。这意味着资源的质量直接与人类的评估和行动以及该资源之间的关系是相关的。这种评估和行动又是嵌入在更大的生态系统中（如社会系统、服务生态系统等）。与此同时，依存性意味着尽管基础资源在异质性资源整合过程中没有出现变化，更高层次的关系或者结构还是可能生成新的涌现属性。与同质性资源整合过程相比，异质性资源整合出现了新的涌现属性，使系统内的资源得以增加。因此，异质性资源整合过程产生的新涌现属性可以通过较低层次的基础资源之间的关系结构对基础资源产生反馈效应，即实现向下因果效应。

（四）分化：结构和主体间的关系

结构（Structure）和主体（Agency）之间的关系是社会科学理论工作的基

础。主体和结构不是独立的现象，而是相互嵌套、交织在一起的。Staber 和 Sydow（2002）的研究认为结构永远不会决定行动，而个体嵌入的结构会在个体的行动过程中发生变化。该观点认为个体是有能力改变自身所处环境的主动性主体。然而，Giddens（1984）指出个体是嵌入在社会情境中的，社会情境会约束个体的行为，进而导致意想不到的效果。

这种结构和主体之间的辩证关系在新涌现属性的创造和维持过程中起到了重要的作用。正如 Elder-Vass（2006）所主张的：一方面，因果机制能够解释新的涌现属性是如何从异质性资源整合过程中诞生的，即形态发生因果机制（Archer，1995）；另一方面，这种形态发生因果机制维持了这种属性的持续存在，并解释了构成异质性资源整合过程中基础资源之间关系结构的稳定性。这种反馈能够维持系统变量保持在恒定的水平（Mingers，2014）。因此，在异质性资源整合分析过程中，需要区分能够使形态发生变化并诞生涌现属性的事件，以及能够维持涌现属性持续性存在的关系结构。因此，在服务生态系统价值创造过程中，异质性资源整合过程可能会诞生新的涌现属性，但是如果没有适当的支撑结构，这些涌现属性可能无法长期保持稳定，从而产生影响。表3-4 展示了异质性资源整合和同质性资源整合的特征。

表 3-4 异质性资源整合和同质性资源整合的特征

	异质性资源整合	同质性资源整合
基本性质	①该资源整合所诞生的涌现属性是新颖的（以往从未出现过）和不可预测的（即无法被预测）。新颖性和独特性是涌现属性的基本特征。 ②涌现属性不能还原为基础资源（即组成部分）。 ③涌现属性具有整体大于其组成部分之和	①该资源整合所诞生的属性，与将基础资源单独地发挥作用叠加的结果是一致的。 ②该资源整合的属性是可以还原的，是由基础资源的性质所决定的。 ③整体等于组成部分之和
与基础资源之间的关系	①基础资源之间相互作用的组合会以特定的形式有机结合起来，形成一种关系结构。 ②这种关系结构是涌现生成的"整体"所有的一种属性，但是不等同于涌现属性	①基础资源之间形成一种聚合的关系。 ②该关系是基础资源的简单组合

续表

	异质性资源整合	同质性资源整合
运作效应	①异质性效应。 ②该效应依赖于特定的时间和空间的过程。 ③对较低层次组成部分（如基础资源）具有反馈效果，同时，依赖于组成部分	①同质性效应。 ②没有空间或时间情境限制
运作定律	跨序定律	序内定律
分化过程	涌现属性的创造和维持是不同的过程	在给定的社会情境约束下，通过对资源性的抑制会产生意想不到的结果，因此，该资源整合可能会发生分化

资料来源：Peters L D. Heteropathic Versus Homopathic Resource Integration and Value Co-Creation in Service Ecosystems [J]. Journal of Business Research, 2016, 69 (8): 2999-3007.

第四章

价值创造研究范式的转变：
从价值共创转向价值涌现*

本章第一节以复杂适应系统理论为基础，审视数字化平台服务生态系统是否适合概念化为复杂适应系统。第二节探讨数字平台生态系统是否能够生成复杂适应系统的涌现属性。这两节旨在探讨数字化平台服务生态系统是否与复杂适应系统具有相同性，从而是否可以把前者作为复杂适应系统进行研究。第三节则是在肯定数字化平台服务生态系统可以作为复杂适应系统进行研究的基础上，阐明数字化平台服务生态系统价值创造的研究应该从"共创价值"范式转向"价值涌现"范式，从而为本书第五章至第七章的质性分析做好铺垫。

第一节　数字化平台服务生态系统是一个
复杂适应系统

虽然不同的复杂适应系统在行动者、结构、规模等方面是千差万别的

---

* 本章研究成果已发表于《经济管理》2022 年第 2 期。

（Capra and Luisi，2014；Cilliers，1998），但是所有复杂适应系统都具有五个特性，分别是行动者复杂性、自组织协作、开源但存在边界、非线性动力和适应性（Gomersall，2018）。本书认为数字化平台服务生态系统（以下简称"平台服务生态系统"）也具有这五个特性，因此可以被认为是复杂适应系统。

学者尽管依据自身学科领域特点对复杂适应系统理论提出了很多不同的见解，但是普遍认为复杂适应系统是由三个重要组成部分所涌现生成的，分别为行动者、相互作用以及内部环境（Nair and Reed - Tsochas，2019；Nan，2011）。其中，行动者是构成复杂适应系统最基础的元素，是构成系统的个体；相互作用是指行动者之间相互适应性行为，可用于描述行动者之间的关系或系统内资源的流动（霍兰，2019；Nan，2011）；内部环境是行动者之间发生相互作用的载体（Nan，2011），是指复杂系统范围以内的、行动者直接相互作用的制度环境（Nair and Reed-Tsochas，2019）。与之相比，不在复杂适应系统范围内的环境部分则是外部环境。内部环境和外部环境之间的边界是动态的，这导致了随着时间的流逝，行动者能够主动与外界环境的资源进行相互作用。因此，数字平台服务生态系统作为一个复杂适应系统，其组成部分可划分为行动者、相互作用和内部环境这三大类别，其两者的相同性如表4-1所示。接下来，本节在表4-1的基础上，将服务营销领域、战略管理领域以及信息系统领域的数字化平台服务生态系统研究整合起来，进而得出"数字平台复杂适应系统"这一复杂性定义。具体分析如下：

表4-1　平台服务生态系统与复杂适应系统对照表

复杂适应系统组成部分	平台服务生态系统的组成部分	平台服务生态系统组成部分的解释
行动者	个体行动者	基于目标导向，自组织参与对等互动的个体行动者
	平台企业	系统内的中介型行动者，是平台生态系统的所有者，不直接参与对等互动

续表

复杂适应系统组成部分	平台服务生态系统的组成部分	平台服务生态系统组成部分的解释
相互作用	个体行动者之间互动	行动者通过参与对等互动，获得新的知识或技能，以共创价值
	平台企业与个体行动者的互动	平台企业通过互联网技术为个体行动者提供流程和接口，以促进对等互动的成功
	行动者与内部环境的互动	行动者（个体行动者或平台企业）的每一次行为都是对系统内部环境的修改，即制度化过程
内部环境	制度组合	平台服务生态系统内微观、中观和宏观这三个层次的行动者自生成制度的复杂组合

资料来源：笔者整理。

一、行动者具有复杂性

平台服务生态系统作为一个复杂适应系统，其行动者的复杂性体现在两个方面：行动者的多样性和行动者组合是跨层次聚集。

（一）行动者的多样性

平台服务生态系统的行动者可划分为两大类：在服务平台上参与对等互动的个体行动者（以下简称对等行动者）和中介型平台企业行动者（以下简称平台企业）。对等参与①是指互联网情境下大规模松散的对等行动者之间的合作生产（张佳佳、王新新，2018），是一个包含了认知、情感以及行为等多维的概念（Lin et al.，2019），是服务生态系统内的一种行动者参与类别（Storbacka，2019）。对等互动是指个体行动者之间在第三方平台上的直接互动行

---

①　对等参与（Peer Engagement）研究的"对等性"是指在平台生态系统内，个体行动者之间直接互动时，各自的地位是相等的。这表明个体行动者的互动行为不受平台企业的层级控制，是个体行动者之间的自组织协作行为。

为。此时，平台企业作为一个中介型行动者，不是直接参与对等互动，而是为个体行动者（即对等服务提供者和对等服务体验者）的互动提供一个虚拟接口。以美团民宿平台为例，美团民宿平台是平台生态系统内的中介型行动者，提供短期住宿空间的房东是对等服务提供者，租用民宿的个人消费者是对等服务体验者。房东和个人消费者在平台生态系统内的对等互动（如点评、发布照片、推荐等）不受美团民宿平台企业控制，是房东和个人消费者之间的自组织协作。此时，房东和个人消费者对于美团民宿平台企业来说，都是平台服务生态系统的个体行动者，各自的地位是相等的。

个体行动者可分为人类行动者和非人类行动者。随着人工智能、大数据、虚拟现实等技术的发展，为平台服务生态系统提供了新的创造潜力（Ramaswamy and Ozcan，2018b），这使对等行动者不局限于人类行动者，还囊括了由数字化人工制品（A）、流程（P）以及接口（I）所组成的非人类行动者（API）（Ramaswamy and Ozcan，2018a）。非人类行动者作为数字平台服务生态系统的"原住民"，在对等参与过程中扮演着具有自主性的行动者角色（Hoffman and Novak，2018）。此时，非人类行动者具有 DeLanda（2019）提出的组合理论所述的成对能力，即具有影响和被影响的能力。因此，非人类行动者是具有对等性的。平台企业作为中介型行动者，是对等参与的推动者，为对等行动者提供了一个虚拟空间（Ramaswamy and Ozcan，2018a），并通过焦点活动来有效地匹配对等行动者的需求和资源（Eckhardt et al.，2019）。

（二）行动者组合是跨层次聚集

复杂适应系统理论认为个体行动者通过相互作用聚集（Aggregation）在一起，就会形成一个更高层次的"聚集行动者"，"聚集行动者"再次聚集，就会形成更高层次的新"聚集行动者"（霍兰，2019）。此时，该聚集特征形成了复杂系统内具有相对性的微观、中观和宏观层次①。由此可知，复杂适应系统本身可以视为一个系统层次的"聚集行动者"（即宏观）。"聚集行动者"的形成不代表抹灭了个体行动者的存在。原有个体行动者不仅没有消失，还嵌入在新"聚集行动者"内，进而有更好的适应和发展。平台服务生态系统内行动者组合本质上就是"聚集行动者"，能够跨层次（微观、中观和宏观）运行（Ramaswamy and Ozcan，2018a）。

具体来说，平台服务生态系统的行动者组合是指由数字化人工制品（A）、人（P）、流程（P）和接口（I）这四个要素组成的 APPI 组合，不同的 APPI 组合被赋予了不同的行动能力和行动模式（Ramaswamy and Ozcan，2018b）。数字技术使行动者之间的连接比以往任何时候都更精确、更快和更容易（Swaminathan et al.，2020），这导致了行动者组合既是一个"集合"，又是一个"过程"。"集合"是指它是由 APPI 这四要素在特定时间所组成的特定组合，只有这些组件聚集在一起时，才会发挥作用。"过程"是指由 APPI 这四个要素聚集在一起的特定组合需要通过动态地相互作用才能形成更高层次的"聚集行动者"。此时，行动者组合不能简单还原为"APPI＝A＋P＋P＋I"。这是因为行动者的参与倾向会随着时间而改变（Breidbach and Brodie，2017），使行动者组合本身就是一个不断迭代的过程。据此，平台服务生态系统可视为一个系统级别的行动者组合，是由大规模低层次的行动者不断地聚集涌现形成的系统层次的"聚集行动者"。

基于此，本书研究发现，在平台服务生态系统中，行动者的多样性和行动者组合的跨层次（微观、中观和宏观）聚集性是平台服务生态系统内行动

---

① 结合复杂适应系统理论，本书的宏观是指平台服务生态系统作为一个"整体"；本书的中观是指内部环境、平台企业等；本书的微观是指参与对等互动的个体行动者。这里的中观和微观都是宏观的平台服务生态系统的"组成部分"。本书的微观、中观和宏观层次是基于平台服务生态系统作为一个"整体"的相对层次划分的，其目的是探究"整体"与"部分"之间的相互作用如何涌现生成系统级别新价值。因此，本书宏观、中观和微观的视角与经济学体系的宏观可简化为微观行动者行为之和的视角并不相同（Nair and Reed-Tsochas，2019）。

复杂性的两个方面。这种行动者的复杂性符合复杂适应系统的特征。

二、自组织协作

由前文可知，平台服务生态系统是由大规模松散的对等行动者通过行动者参与实现自组织协作。行动者是否参与对等互动完全基于行动者自身的目标导向，不受平台企业的层级控制（张佳佳、王新新，2018）。平台企业是推动大规模对等行动者参与互动的中介型组织。平台服务生态系统是由平台企业通过焦点活动吸引大规模对等行动者聚集涌现的复杂系统（Eckhardt et al.，2019；Cennamo and Santaló，2019）。自组织是指平台服务生态系统微观层次的对等行动者之间相互作用的迭代过程，能够促进系统级别属性的涌现（Tiwana，2013）。因此，平台服务生态系统的形成不是平台所有者（即平台企业）强加的，而是由系统内聚集的大规模对等行动者基于目标导向自发地协作生产而产生的（张佳佳、王新新，2018）。平台服务生态系统作为自组织涌现的"新整体"，能够调动整个生态系统内不同层次（微观、中观和宏观）的资源（Meynhardt et al.，2016）。总体而言，平台服务生态系统是由大规模自组织协作的个体行动者聚集而形成的，具有复杂适应系统的自组织协作特征。

三、开源但存在"隐性边界"

Schneider 和 Somers（2006）认为，复杂适应系统在能量转换过程中，本质上是与其外部环境不断地发生相互作用的开放系统，即复杂系统具有开源性。而平台服务生态系统也是开源的，它随时可以吸收符合基本条件的个体行动者参与平台。与此同时，复杂适应系统的内部环境是行动者和相互作用之间的载体，是系统范围以内行动者直接相互作用的制度环境（Nair and Reed-Tsochas，2019）。此时，内部环境是复杂适应系统内的行动者和相互作用①与外部环境之间的"隐性边界"。平台服务生态系统作为基于对等参与而自组织协作的复杂适应系统，也具有行动者自生成的制度逻辑（Vargo and Lusch，2016）。这是平台服务生态系统的"隐性边界"，不同于层级式的指令控制（Axelrod and Cohen，2000），是系统内行动者自生成的共享价值观、共享意图等隐性规则（Taillard et al.，2016）。这是一种系统内部所有行动者共享的制度组合（Vargo and Lusch，2016）。换言之，这是一种"自下而上"涌现生成的系统内部规则，是由平台服务生态系统内部三个层次（微观、中观和宏观）的制度的复杂组合（Fehrer et al.，2018；Vargo and Lusch，2016）。建立"隐性边界"对于平台服务生态系统来说是非常重要的。一方面，该"隐性边界"对复杂适应系统来说能够维持内部运行稳定和提高适应性。此时，制度组合会成为行动者在系统内的行为规则，促进和约束行动者的参与互动行为（Vargo and Lusch，2016），指导行动者如何在平台服务生态系统中更好地适应（苗东升，2016），以实现价值共创。另一方面，复杂适应系统面临外部环境时，该"隐性边界"能够增强复杂系统的竞争力。平台服务生态系统之间的竞争较为激烈，容易发生同质性和包络现象（Tiwana，2013）。当平台服务生态系统建立独特"隐性边界"，既能吸引大量新资源到生态系统内，又使现有资源必须跨越这个边界才能向外输出。

　　基于此，本书研究发现平台服务生态系统是开源的，但拥有行动者自生成的制度组合为其"隐性边界"。这种特性也与复杂适应系统的特征一致。

---

　　① 此时，内部环境、行动者以及相互作用三者都是复杂适应系统的组成部分，具体分析见表4-1。需要注意的是，本书所涉及的互动概念是指营销学文献里的 Interaction，本质上与复杂系统学理论文献的相互作用（Interaction）概念是一致的。因此，本书的"互动""相互作用"这两个概念所代表的意思是相同的。然而，为了更好地区分营销学的个体与个体间微观层次的相互作用，本书用"互动"一词来指代。

四、非线性动力

作为复杂适应系统，平台服务生态系统相互依赖的组成部分（即如表4-1所示的行动者、相互作用和内部环境）是导致其动力具有非线性和迭代反馈的基础。非线性是指当两个主体具有因果关系时，一个主体的变化引起了另一个主体不成固定比例的变化。迭代反馈是指系统每一次涌现过程产生的结果，都会成为下一轮迭代的初始值。复杂适应系统的迭代反馈具有初始条件敏感性（Sensitivity to Initial Conditions）和路径依赖（Path Dependence）特性①。这导致了复杂系统每一轮迭代的末态（Final States）都是独一无二的（Schneider and Somers，2006）。事实上，在聚集过程中，行动者之间、行动者与内部环境之间的相互作用在本质上是非线性的。这些非线性因素与系统的迭代反馈机制相结合，使复杂适应系统具有很强的创造性（Capra and Luisi，2014）。基于此，向平台服务生态系统输入小原因可能导致大结果，反之亦然。具体来说，平台服务生态系统具有丰富相互作用的超级连接（Hyperconnected）属性（Swaminathan et al.，2020），使人类行动者和非人类行动者能够不受时间和空间的限制，持续发生相互作用。这使平台服务生态系统诞生了大规模的创新解决方案，精准地匹配行动者个性化的需求和资源（Eckhardt et al.，2019）。同时，数字平台服务生态系统基于非线性动力能够发挥杠杆能力（Thomas et al.，2014），产生与输入大小不成比例的无限创造力（Zittrain，2006），引发网络效应的良性循环，促进行动者规模达到系统的"引爆点"，进而导致"赢者通吃"的现象（Tiwana，2013）。

基于此，本书认为平台服务生态系统的组成部分之间具有非线性迭代动

---

① Schneider和Somers（2006）认为，一般开放系统具有等价性特征，即可以通过不同的条件和多种途径来达到相同的末态。然而，复杂系统对初始条件敏感且具有路径依赖的特性，这导致了其较难达到相同末态，进而每一轮迭代产生的末态都是独特的。

力，这也与复杂适应系统相一致。

五、适应性

复杂适应系统内组成部分之间的非线性动力除了产生复杂性之外，还产生了适应性（霍兰，2019；Cilliers，1998）。适应性是指系统作为一个"整体"，能够自我学习，主动地调整和改变自己，以便能主动地适应环境（苗东升，2016）。简言之，适应性是平台服务生态系统作为"整体"的自我更新的能力。平台服务生态系统作为复杂适应系统，其适应性体现在两个方面：内部适应性和外部适应性。

（一）内部适应性

内部适应性是平台服务生态系统内部维稳和持续创新的能力，这取决于行动者之间以及行动者与内部环境之间的相互作用。①行动者之间的相互作用有两种，分别为对等行动者之间相互作用、平台企业与对等行动者之间的相互作用。其中，对等行动者之间的相互作用是指生态系统内的对等行动者具有适应性，在互动过程中会自主性学习。对等行动者基于自身目标，通过资源整合获得新的知识和技能，进而开发自身独有的操作性资源（Beirão et al.，2017）。平台企业与对等行动者之间的相互作用是指平台企业作为中介型行动者角色，不直接参与对等互动，借由互联网技术为对等行动者提供强大的对等行动者网络，以促进对等互动的成功（Benoit et al.，2017）。②行动者与内部环境间的相互作用。平台生态系统作为一个服务生态系统，其内部环境是行动者及其相互作用的载体，是由行动者自生成的制度组合所构成的（Nair and Reed-Tsochas，2019；Vargo and Lusch，2016）。行动者的每一次对等参与行为都是对系统内部环境的持续性修改。与此同时，制度组合作为行动者对等互动的情境或行为规则，能够促进或约束对等行动者参与行为。这是因为对等行动者是同时嵌入在多个制度组合中，复杂的制度组合会激发对等行动者的创新能力（Siltaloppi et al.，2016）。当行动者面临多个冲突的制度组合时，会引起行动者有意识地反思和适应性行为，更为甚者，可能会激发行动者间的大规模协作，以打破原有制度组合的束缚力，重构新的制度组合。

（二）外部适应性

外部适应性是平台服务生态系统的共同进化能力的体现。基于异质性资源整合理论（Peters，2016）和技术的生成性特征（Zittrain，2006），本书认为平台服务生态系统作为一个"整体"，为了响应外部环境的变化，不断地进行自我学习和积累，最终整合了系统内部所有资源，涌现了具有生成性特征的高阶资源。由此，平台服务生态系统的资源基础发生了改变，进而推动其组成部分的共同进化。这对系统内部而言，维持了协调和稳定；对系统外部而言，新高阶资源使系统具有无限创新的能力。生成性是互联网技术所具有的涌现性能力，是指由互联网技术的分层模块化属性促进大规模行动者自发地贡献资源，进行无限创新的能力（Cennamo and Santaló，2019；Zittrain，2006）。平台服务生态系统拥有通过系统级别生成性来维持自身进化的惯性（Yoo et al.，2012），这是平台的自我更新能力，是数字技术赋予平台服务生态系统强大的生成性能力。这一特性使平台服务生态系统较容易吸引个体行动者参与互动，为系统持续性注入新资源。

基于此，本书研究发现平台服务生态系统具有适应性，能够主动调整自身行为以应对内外环境的变化，这一特征与复杂适应系统相同。

综上所述，既然数字化平台服务生态系统具有复杂适应系统的五个特征，因此可以视其为复杂适应系统，可以运用复杂适应系统的思维方式去理解和研究。

第二节　数字化平台服务生态系统具有
复杂适应系统的涌现属性

数字化平台服务生态系统不仅具有复杂适应系统的五个特征，还与复杂适应系统的运行或活动方式相同，即具有"涌现属性"。本书的第三章已经说明，在复杂适应系统内，涌现属性是在"部分"与"整体"之间跨层次的迭代反馈的互动中生成的。在此基础上，本节结合操作性资源层级理论（Madhavaram and Hunt，2008），初步描述平台服务生态系统涌现现象形成过程的轮廓，以此进一步说明平台服务生态系统是可以作为复杂适应系统进行研究的。至于其具体的实际分析则是本书后几章的内容。

数字平台服务生态系统作为一个复杂适应系统，其运行可以创造出新资源。该生态系统是由"对等参与子系统""向上因果力子系统""向下因果力子系统"这三个子系统涌现生成的。对等参与（Peer Engagement）、向上因果力（Bottom-Up Effect）和向下因果力（Top-Down Effect）三个子系统分别对应着数字平台服务生态系统内的部分—部分相互作用、部分—整体相互作用以及整体—部分相互作用。据此，本书认为数字平台服务生态系统能够通过三个子系统的非线性相互作用生成涌现属性。三个子系统之间不是独立分割的，而是相互嵌套且相互支撑的（见图4-1）。具体分析如下：

一、对等参与子系统（部分—部分相互作用）

对等参与是数字平台服务生态系统涌现的微观基础。个体行动者之间相互作用为数字平台服务生态系统输入多样的基础型操作性资源（BORs）

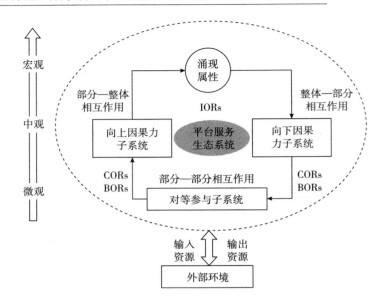

图 4-1　数字化平台服务生态系统的涌现属性生成框架

资料来源：笔者绘制。

（Madhavaram and Hunt，2008），是系统内的部分—部分相互作用的体现。对等参与是一个连续性的过程。其中，个体行动者的角色具有可变性（Lin et al.，2019），可划分为服务提供型行动者（以下简称服务提供者）和服务体验型行动者（以下简称服务体验者）（Benoit et al.，2017）。服务体验者是指通过参与对等互动获得体验价值的人类行动者。服务提供者是指提供对等服务的行动者，可以是单个人类行动者（P），或者是非人类行动者（API），或者是前两者结合起来的行动者组合（APPI）（Ramaswamy and Ozcan，2018a）。

　　需要指出的是，本书的对等行动者角色二元性划分是指在特定时间点的对等互动中行动者所扮演的角色。这是为了使读者更好地理解对等行动者之间的相互作用，并不是传统生产者与消费者的对立区别。对等行动者可作为服务体验者参与互动，也能以服务提供者身份参与另一项互动，甚至可以同时扮演这两种角色。例如，美团民宿平台的房东在旅行时，可以成为民宿的个人消费者。依据操作性资源层级理论（Madhavaram and Hunt，2008）和消费者文化理论（Arnould and Thompson，2005），人类行动者的 BORs 可分为三大类：物理 BORs、社会 BORs 和文化 BORs（Arnould et al.，2014）。物理 BORs 是指人的先天性资源，如感知、情感和能量等；社会 BORs 是指人类行动者在群体环境中（如家庭和社会阶层）或者是虚拟社群（如品牌社群和消费者部落）中所发展出的关系；文化 BORs 是指人类行动者所具有的专业知识、技能、经历等。非人类行动者本身是一个适应性行动者（Hoffman and Novak，2018），作为数字平台服务生态系统的"原住民"，更加智能化，具有智能调节自身来适应环境的能力（Akaka and Vargo，2014），如智能技术、大数据技术等，这些智能技术本身所提供的信息就是 BORs（Hoffman and Novak，2018）。个体行动者通过对等互动整合资源，共创价值，进而形成了数字平台服务生态系统的组合型操作性资源（CORs），为数字平台服务生态系统注入了大规模新资源（见图 4-2）。

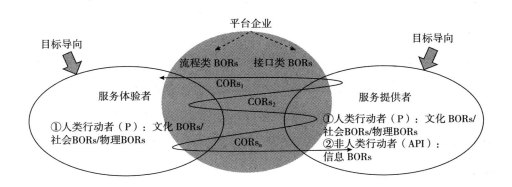

图 4-2 对等参与子系统

注：〰️表示对等参与是一个连续的过程，- - - - →虚线表示平台企业没有直接参与对等互动。

资料来源：笔者绘制。

二、向上因果力子系统（部分—整体相互作用）

向上因果力子系统是数字化平台服务生态系统内自下而上的部分—整体相互作用的体现。该相互作用是数字平台服务生态系统内涌现的向上因果力（Capra and Luisi，2014），是指数字平台服务生态系统是一个系统级别资源整合者，能够整合系统内所有的操作性资源（BORs 和 CORs），形成自身独有的高阶资源——互连型操作性资源（IORs）（Madhavaram and Hunt，2008）。此子系统的相互作用可划分为两类：①平台企业与平台服务生态系统的相互作用；②对等参与子系统与平台服务生态系统的相互作用。

（1）平台企业与平台服务生态系统的相互作用。平台企业作为对等互动的推动者角色，首要任务是通过连接大规模对等行动者的需求和资源（Fehrer et al.，2018；Eckhardt et al.，2019），确保数字平台服务生态系统能够从外界环境中源源不断地输入新资源。这是因为在对等互动的过程中，对等行动者并不一定具备非常全面的运用平台内操作性资源的知识或技能，可能会导致行动者的对等参与倾向较低（Randhawa et al.，2018）。以大众点评平台为例，点评用户可能只知道以简单的打分、上传图片等方式参与互动，而忽视了平台内霸王餐抽奖、用户积分奖励等复杂的互动工具。同时，互联网技术使行动者更容易从外部获取品牌相关信息，这种信息过载的潜在因素也会导致对等行动者的参与度降低（Swaminathan et al.，2020）。

由此可知，平台企业通过技术支持、营销推广和开发新活动三种动态能力（Randhawa et al.，2018；Madhavaram and Hunt，2008），有效地激发对等参与是至关重要的。这三种动态能力是平台企业和平台服务生态系统内大规模信息资源相互作用的产物。①技术支持能力是指平台企业能够执行一系列技术任务的能力，帮助用户解决自身项目所面临的技术障碍，为对等互动提供了技术支撑。具体可划分为两大类：流程类 BORs 和接口类 BORs（Ramaswamy and Ozcan，2018b），如图 4-2 所示。接口类 BORs 是指平台企业提供了一个对等参与的"虚拟场所"。流程类 BORs 是指平台企业通过互联网技术提供了身份、对话、共享、声誉、存在、关系以及群组七大功能（Kietzmann et al.，2011）。这两大类 BORs 能够帮助对等行动者更好地匹配需求和资源，以激发对等行动者的参与投入度（Wajid et al.，2019），进而增加对等行动者的资源整合效率。需要注意的是，平台企业提供的流程（P）和接口（I）功能本身不是资源，而是具有模块化特征的技术功能（Meyer and DeTore，2001）。大规模对等互动为平台注入了信息流，使"信息+流程"或"信息+接口"具有了大规模协作效应，进而赋予了其作为平台企业所提供的 BORs 资源属性（Singaraju et al.，2016）。这是因为信息是为平台企业的模块化功能提供价值的货币（Singaraju et al.，2016），当对等行动者互动的时候，信息的注入使平台的流程（P）和接口（I）这两大功能成为了对等行动者网络的模块化资源。在对等参与过程中，这些模块化资源由于技术、经济和社会等因素的影响，被重新组合到对等行动者的资源整合的过程中，进而在对等行动者网络层面上实现了价值共创。②营销能力是指平台企业通过执行一系列营销任务，帮助服务提供者增加触达对等行动者的机会。平台企业结合数字平台服务生态系统内大规模信息资源（BORs 或 CORs），为服务提供者制定相关营销方案，以帮助服务提供者解决发展过程中的战略障碍（Randhawa et al.，2018）。③开发新活动能力是指平台企业依托数字平台服务生态系统内的大数据，不断地开发新活动，以此来激发行动者参与对等互动的能力。平台企业通过开发新活动，向对等行动者提供独特的新价值主张，这是复杂适应系统内的标识机制（霍兰，2019），吸引对等行动者参与互动。此外，新活动是基于系统内大数据（BORs 或 CORs）

开发的，这是促进系统内现有资源的重新整合，进而为数字平台服务生态系统注入新资源。

（2）对等参与子系统与平台服务生态系统的相互作用。对等参与子系统的结果有两个：①行动者通过对等互动整合资源，以达成自身的目标，共创价值。②行动者在资源整合的过程中，在平台服务生态系统内留下了很多副产品（如图片、文本等），这些对等互动的副产品本质上是新的潜在资源，是输入到平台服务生态系统的新 BORs 或 CORs，为下一次对等参与提供了资源基础。在数字平台服务生态系统内，对等参与注入的 BORs 或 CORs 作为系统的能量，连接着对等行动者的体验和创造力，具有流的特性①（霍兰，2019）。在数字平台服务生态系统的时空契合弱化特性的作用下，大规模的能量流会激发乘数效应和再循环效应（霍兰，2019），产生非线性动力，进而促进整个数字平台服务生态系统的涌现。本书以一条新浪微博成为微博热搜的过程为例子，来阐释微博热搜是大规模个体用户（即对等参与子系统）与整个新浪微博平台服务生态系统相互作用的过程。一方面，从个体用户角度来看，该条微博本质上是个体用户（即对等行动者）在新浪微博上发表的图片或文本，是用户基于自身目标，将个人的情感 BORs、经历BORs 等资源，通过对等互动生成为系统内的信息 BORs（即一条微博）。另一方面，从新浪微博平台服务生态系统的角度来看，对等参与子系统实现了以原微博为基础，不断地发生对等互动（即部分—部分相互作用），从而向系统内持续地输入资源（BORs）。与此同时，新浪微博平台服务生态系统作为一个系统级别的资源整合者，开展了微博话题讨论的焦点活动，由此促进大规模个体用户自发地点赞、转发以及评论原微博，进而引发一个可供其他微博用户讨论的话题（CORs）。随着越来越多的用户关注和讨论该话题（CORs），向上因果力子系统内各种 BORs 和 CORs 间的相互作用变得越来越

---

① 流特性是指复杂系统内时时刻刻都存在着大量能量的流动（苗东升，2016）。

复杂，进而激发系统内资源流动的乘数效应和再循环效应，使该话题（CORs）涌现为新浪微博平台服务生态系统内的实时微博热搜（IORs）。由此，实现了由个体用户之间的对等互动行为（即发布原微博）到整个新浪微博平台服务生态系统（即部分—整体相互作用）的价值涌现。该条微博热搜（IORs）作为一个新浪微博平台服务生态系统级别的高阶资源（IORs），能够影响系统内个体用户的行为（即整体—部分相互作用），进而引导整个平台服务生态系统内外的舆论导向，实现了向外部环境输出资源。

三、向下因果力子系统（整体—部分相互作用）

向下因果力子系统是指数字平台服务生态系统作为一个"整体"，对其组成部分的控制。这是平台服务生态系统自上而下的整体—部分相互作用，体现了系统涌现的向下因果力。事实上，在数字平台服务生态系统内，系统级别新IORs是不断地涌现和湮灭的（Bunge，2003）。此时，涌现生成的新资源（IORs）是强涌现（Strong Emergence）的结果，具有连贯性特征（Waller et al.，2016）。强涌现是指该涌现属性诞生于较低层次组成部分之间的相互作用，既不可还原为组成部分之和，又独立于较低层次组成部分而存在，持续一段时间后，可向组成部分施加向下因果力。因此，涌现属性作为"整体"，与其"部分"之间具有相互因果关系（Mutual Causality）（Lichtenstein，2014）。与之相对地，弱涌现（Weak Emergence）则不涉及后续的向下因果力，本身存在是短暂的（Bunge，2003）。因此，向下因果力子系统是数字平台服务生态系统在涌现过程中不可或缺的部分。

涌现属性不能直接影响组成部分的因果，它只能通过其他组成部分发挥作用（Lawson，2013）。因此，涌现生成的资源（IORs）不能直接对行动者产生相互作用，而是通过系统的内部环境（即行动者自生成的制度组合）

对行动者产生反馈效果。行动者自生成的制度组合是平台服务生态系统自下而上生成的内部规则，是跨微观、中观和宏观三个层次的制度的复杂组合（Vargo and Lusch，2016，2017）。数字平台服务生态系统内每个实例都在一定程度上改变了系统的性质，进而改变了下一次对等参与子系统的价值共创的环境。与此同时，平台服务生态系统的制度组合具有复杂性：一方面，对等行动者（即参与对等互动的个体行动者）能够同时嵌入到复杂的制度组合情境中（Wajid et al.，2019），依据自身目标导向，可跨层次选用不同的制度组合；另一方面，行动者自生成的制度组合本身可能就存在冲突（Siltaloppi et al.，2016）。制度组合的复杂性推动了新颖属性的涌现，这是因为制度的复杂性能够激活行动者有意识地开发新的问题解决方案，由此产生多个制度的工具包来降低主要制度的影响。这些动态的工具包由文化规范、意义以及与特定制度安排相关的物质实践组成，行动者可以通过自身目标导向，共同重建和改变价值创造实践，以打破原有制度组合的束缚力，推动平台服务生态系统制度组合的变化（Siltaloppi et al.，2016）。

综上所述，本书认为数字化平台服务生态系统的新资源（IORs）是由对等参与、向上因果力以及向下因果力这三个子系统的非线性相互作用涌现生成的，而涌现生成的新资源就是平台服务生态系统创造的新价值。

根据以上两节的阐述，既然平台服务生态系统具有复杂适应系统的特征和涌现属性，那么完全可以按照后者的理论逻辑和思维方式来理解、研究前者的价值创造问题。从而实现平台价值创造研究范式从"价值共创"到"价值涌现"的转向。

第三节 数字化平台服务生态系统价值创造研究范式的转向

如果按照复杂适应系统的理论逻辑和思维研究数字化平台服务生态系统的价值创造，那么应该实现研究范式的转向——从"价值共创"范式转向"价值涌现"范式，进而深化数字化平台经济条件下价值创造的研究。这种研究范式的"转向"具体体现为以下四个方面（见表4-2）。

表4-2 价值创造研究范式的转向：价值共创→价值涌现

价值创造研究范式的转向	描述
一、研究视角：从部分转向整体	涌现价值是指数字平台服务生态系统作为"整体"、各组成部分之间大规模非线性相互作用所生成的一个系统级别的新属性，不可还原为组成部分的价值之和
二、研究载体：从价值网络转向价值复杂适应系统*	价值涌现的载体是以焦点活动为核心的复杂适应系统，需要考虑个体行动者之间互动以外的行动者与环境之间的跨层次（微观、中观和宏观）的非线性相互作用
三、分析重点：从结构转向过程	价值涌现意味着数字平台服务生态系统不是一个静态的资源配置网络，需要着重于价值创造过程中部分—部分相互作用、部分—整体相互作用以及整体—部分相互作用的迭代过程的分析

价值创造研究范式的转向	描述
四、研究方法：从单向测量转向反馈循环	基于线性假设的机械还原主义研究方法，不适用于探究涌现价值的非线性动力。与之相比，质性研究方法（如民族志、网络志等）或基于行动者仿真方法，更有利于揭示涌现现象的复杂非线性迭代过程

注：＊Vargo 等（2017）原文的第二个转变是"从对象转向关系"，本书在此修改为"从价值网络转向价值复杂适应系统"，具体原因有：Vargo 等（2017）研究第二个转变"从对象转向关系"的主要目的是强调未来营销学市场研究的分析对象应该从"个人"转向一个"关系集合"（即不同行动者之间的相互作用）。在此基础上，营销学者再深入地探讨当该"关系集合"嵌入到更大的"关系集合"（即服务生态系统）内是如何塑造出市场的。由此，本书认为 Vargo 等（2017）研究的"从对象到关系"转变思维，本质上是在探讨价值创造过程中载体（即分析对象）的转变。现有价值共创理论已经意识到价值是由多行动者价值网络（即平面网状关系）共同创造的。因此，本书认为，从价值共创转向价值涌现，价值创造的载体本质上是"从平面网状关系转向了复杂系统关系"。为了避免直译"从对象到关系"引发读者的误解，将关注点放在对象与关系的比较上，进而忽视了复杂适应系统内关系（即相互作用）的复杂性和涌现性。因此，本书在描述第二个转变时，修改为"载体：从价值网络转向价值复杂适应系统"。

资料来源：笔者依据 Vargo 等（2017）研究修改。

一、价值创造的研究视角：从部分到整体的思维转变

价值共创理论认为价值是由受益人所决定的独一无二的现象学体验（Vargo and Lusch，2016；2017）。现有价值共创研究的使用价值（Grönroos and Voima，2013）、体验价值（Akaka et al.，2015）和情境价值（Chandler and Vargo，2011）以及互动价值（Ramaswamy and Ozcan，2018a）都是由资源受益人本身所独有的现象学解释。基于复杂系统视角，这些价值构念本质上都是平台服务生态系统的特定组成部分（即行动者）所获得的价值；价值共创模式的

最终目标是改变个体行动者自身的资源基础。因此，价值共创模式下"组成部分"获得的价值既不能捕获平台服务生态系统作为一个系统级别"整体"所获得的价值是什么，更不能体现平台服务生态系统价值创造的复杂性。相较而言，本书的涌现价值是指数字平台服务生态系统作为一个"整体"形成的涌现属性。价值涌现模式的最终目标是将平台服务生态系统变为一个"整体"的资源基础。这是因为与传统商业生态系统不同，平台服务生态系统是基于大规模松散的对等行动者自组织协作而涌现的。这种去中心化、自组织的协作模式使系统级别的资源分散在整个系统内，如平台服务生态系统品牌是整个系统行动者所共享的品牌（Shared-Ownership Brand）（Swaminathan et al.，2020），不属于平台服务生态系统某特定的组成部分（如对等行动者、平台企业等）。涌现属性具有全局性（即发生于系统层次）和恒新性（即诞生了系统内以前未有的属性）（Waller et al.，2016；苗东升，2016）。这意味着平台服务生态系统的涌现价值是超越了其组成部分的存在，是由平台服务生态系统的组成部分之间的大规模非线性相互作用所诞生的，不能简化为组成部分的价值之和，是属于系统级别的新资源。

二、价值创造的研究载体：从价值网络转向价值复杂适应系统

价值共创视角下，价值创造载体是以焦点行动者为核心的多行动者价值网络（Vargo and Lusch，2016）。因此，价值共创视角下价值系统概念（Perks et al.，2017），实质上是将平台视为一个为个体行动者提供资源配置网络的工具，即能够提供构建多个行动者网络的解决方案（Fehrer et al.，2018）。此时，行动者资源整合的范围从强关系连接拓展到弱关系连接，行动者在价值网络中的相对位置、与其他行动者的关系连接强度是影响共创价值的关键要素（Laud and Karpen，2017）。

与之相比，涌现价值的创造载体是以焦点活动为核心的价值复杂适应系统

（Value Complex Adaptive System，VCAS）。涌现价值是通过异质性资源整合形成平台服务生态系统所独有的涌现性资源（Peters，2016），是各组成部分之间非线性相互作用的结果。该非线性作用是由三种相互作用跨层次（微观、中观和宏观）涌现的结果，分别是：①部分—部分相互作用。这是指对等行动者之间的相互作用，该相互作用形成了数字平台服务生态系统的适应性张力，从外部环境为系统注入资源。换言之，对等参与的价值共创结果是价值涌现的启动基础。②部分—整体相互作用。该相互作用是涌现价值的"向上因果力"（Fulmer and Ostroff，2016），是指平台服务生态系统作为一个系统级别资源整合者角色，将对等参与所注入的基础资源进行整合，生成了系统级别的高阶资源，以维持系统更好地生存和发展。③整体—部分相互作用。该相互作用是指涌现价值具有"向下因果力"（Fulmer and Ostroff，2016；Waller et al.，2016；Peters，2016）。具体来说，平台服务生态系统作为一个"整体"，其创造出的涌现价值能够借由内部环境（即制度组合等）来约束或促进行动者的行为，以此应对外部环境的变化。因此，行动者之间的相对位置、关系连接强度不是影响价值涌现的要点。如何通过焦点活动构建价值复杂适应系统空间，以更好地激发这三种类型相互作用之间的非线性迭代结果，才是平台服务生态系统价值涌现的关键所在。这是一种"生态系统作为结构"① 的战略视角（Adner，2017）。

三、价值创造的分析重点：从结构转向过程

复杂系统思维本质上是过程思维（Capra and Luisi，2014），关注现象的动态而非静态本质（Vargo et al.，2017）。复杂系统理论中，结构被视为底层过程的表现（Capra and Luisi，2014）。结构是指特定情境下行动者之间关系的集合，过程是一种机制，是指一个复杂系统一系列持续性过程的集合（Bunge，

---

① 此时结构是指由焦点活动之间所形成的相互作用（Adner，2017）。

2003）。因此，价值涌现避免一味地强调平台服务生态系统的结构要素，如行动者规模（Basole and Park，2019）、行动者嵌入位置（Wajid et al.，2019）等。

本书引入价值涌现概念，是强调平台服务生态系统价值创造的分析应注重对其过程的理解。①涌现是指一个由系统各"部分"构成更高层次"新整体"的动态过程，由此，价值涌现是指平台服务生态系统各组成部分形成系统级别新价值的持续性过程。②前文已知，涌现价值是具有恒新性的。因此，价值涌现是一个以焦点活动为核心不断产生新系统级别资源（即价值）的过程。当系统内某个新焦点活动开始时，平台服务生态系统就会通过部分—部分相互作用、部分—整体相互作用以及整体—部分相互作用的非线性迭代生成新涌现价值。当该焦点活动结束时，上一轮迭代产生的涌现价值会成为系统内固有的制度，与系统内原有的制度相结合生成新的制度组合，成为下一轮迭代过程（即系统开发了新的焦点活动）的系统内部环境。由此可知，平台服务生态系统的内部环境（即制度组合）是动态发展的。③平台服务生态系统具有适应性，能够主动调整自身行为，来适应内外环境的变化。实质上，数字化平台服务生态系统的适应性是指各组成部分之间持续地发生相互作用，最终，在"整体"层次上涌现形成了一个系统级别的适应结果（即涌现价值）。数字化平台服务生态系统主动调整自身行为本质上是系统内一系列子过程的集合。数字化平台服务生态系统的结构是指系统在主动调整自身行为的过程中，特定时间点的系统内各组成部分的安排。因此，价值涌现逻辑下适应性是一种过程思维。研究者不仅需要考虑到特定时间点系统内各"部分"之间的相互作用，还需要意识到系统适应性是"部分"与"整体"之间持续性迭代的过程，是动态发展的。

四、价值创造的研究方法：从单向测量转向反馈循环

主流价值共创文献的价值是基于线性假设的单向测量的结果，是基于机械还原主义的方法。这种研究方法通过将一组相互联系的概念结合在一起建立一个理论模型。此时，该模型侧重于预测效度（Vargo et al.，2017）。然而，涌现价值是由平台服务生态系统的组成部分之间大规模的非线性相互作用所诞生的，具有复杂性和涌现性。换言之，涌现价值是不可简单地还原为部分之和，需要着重分析系统的部分—部分相互作用、部分—整体相互作用以及整体—部分相互作用的非线性迭代过程。因此，基于线性假设的机械还原主义研究方法，不适用于研究涌现价值的非线性动力过程（Vargo et al.，2017）。这表明，与传统的预测效度研究方法相比，运用结构效度的研究方法探讨涌现价值会更有效（Vargo et al.，2017）。Kozlowski 等（2013）指出质性研究方法（如民族志、网络志等）或基于行动者仿真方法，将更有利于揭示涌现现象的复杂的非线性动力过程。因此，从价值共创转向价值涌现，意味着价值创造研究方法要从测量（Measure）转向对部分—部分相互作用、部分—整体相互作用以及整体—部分相互作用之间迭代过程的描绘（Mapping）（Vargo et al.，2017）。

综上所述，本书认为数字化平台服务生态系统的价值创造模式已从"共创型"转变为"涌现型"。价值涌现是在数字生态时代下以价值复杂系统为载体的价值创造模式的新进化。从"共创型"价值创造模式转向"涌现型"价值创造模式，研究人员需要分别从研究视角、研究载体、分析重点和研究方法四个方面转变研究范式，深入剖析数字化平台服务生态系统价值创造过程中的复杂性及涌现性。

据此，本书在第五章基于多元扎根理论研究方法（Flick，2014；Goldkuhl and Cronholm，2010，2018），以本章第二节的图 4-1 为研究分析的初步框架，探讨数字化平台服务生态系统的价值涌现模式。这实现了研究视角从部分到整体的转变。同时，本书结合了基于行动者网络理论的改进网络志方法（Lugosi and Quinton，2018）和嵌套式案例研究（殷，2004），以大众点评平台服务生态系统为研究样本，通过行动者网络理论分析分别构建平台服务生态系统行动者网络（即"整体"）和平台企业行动者网络①（即"部分"）。在多元扎根理论的分析过程中，研究团队不断地比较分析平台企业行动者网络和平台服务生态系统行动者网络，进而实现从"平面的网状关系"的价值创造载体转向"复杂系统关系"的价值创造载体。基于此，本书实现了以价值复杂适应系统为研究载体，深入探讨数字化平台服务生态系统内的"部分"与"整体"之间的复杂关系。接着，本书在第六章和第七章，将大众点评平台服务生态系统进一步划分为相互独立但又相互联系的2×2（即2个行动者网络×2个价值涌现阶段）研究单元，从时间、跨层次（微观、中观和宏观）多角度来分析价值涌现过程，以此实现了价值创造研究的分析重点（即从结构转向过程）和研究方法（即从单向测量转向反馈循环）的重要转变。

---

① 在本书第五章第五节的行动者网络理论分析过程中，平台企业行动者网络是指图4-1中的对等参与子系统，体现了数字平台服务生态系统内的部分—部分相互作用。

第五章

基于改进的网络志和
多元扎根理论的研究设计

第一节 基于 ANT 改进的网络志研究方法

一、基于 ANT 的网络志：一种进化的网络志

Lugosi 和 Quinton（2018）基于行动者网络理论提出了改进的网络志方法——超越人类的网络志（以下简称"ANT 网络志方法"）。该研究方法重视复杂性研究。Lugosi 和 Quinton（2018）的 ANT 网络志方法，能够更明确地认识到互联网技术、人以及社会物质的跨时空运作的复杂性，着重于人类和非人类主体之间的相互作用。此时，在互联网平台生态系统情境下，技术、人工制品、互动流程等被视为非人类主体（Ramaswamy and Ozcan，2018a，2018b）。非人类与人类主体之间的相互作用，成为了 ANT 网络志方法在数据搜集和分

析过程中的重点。与此同时，该研究方法具有不可简化特征，主张探究多时间、多空间且以复杂的互联网技术为中介的社会属性的本质。该方法符合本书研究对于人类和非人类主体之间相互作用的复杂性和价值创造过程的涌现性的需要。

　　需要注意的是，行动者网络理论本身并不代表独特的理论或者方法，它是指"由一系列不同物质符号（Material-Semiotic）工具、敏感性以及分析方法所构成的组合，该视角将社会和自然世界中所有的事物都视为由它们所处的关系网络持续性产生影响的结果"（Law，2008）。因此，该理论试图解释事物是由主体（Actors）[①]、行动（Actions）、流程（Process）和网状关系（Relationships）[②] 中产生的，与此同时，探索事物如何影响着主体、行动、流程和网状连接关系（Lugosi and Quinton，2018；Latour，2005）。换句话说，行动者网络理论是指异质的主体通过建立和发展网状关系连接，以解决特定问题的过程（郭明哲，2008）。行动者网络理论本身是一个动态过程，而不是一个静态概念。网状关系在行动者网络中，主要目的是将人类主体和非人类主体以对等的关系连接起来，从而避免了传统社会学和哲学领域的自然和社会、主观和客观之间的二元对立的划分。行动者网络理论在主体概念的认知上，超越了传统的人类主体，更为适用于探究复杂的、网络化的和以互联网技术为中介的社会属

---

　　① 本书在第五章和第六章采用 Lugosi 和 Quinton（2018）的 ANT 网络志方法展开分析。行动者网络理论认为所有的事物都是由各种异质性主体（Actors）（即人类和非人类）所处的关系网络持续性产生影响的结果。因此，该理论分析中的行动者（Actors），是侧重于人类与非人类的类别上划分。具体请见本章第五节。这与本书在第四章、第七章和第八章基于复杂适应系统理论分析的行动者（Actors）概念是不同的。本书基于复杂适应系统理论，在第四章第一节提出的表 4-1 中的行动者、内部环境和相互作用是复杂适应系统理论的组成部分概念。在本章行动者网络理论中，表 4-1 的内部环境是一个非人类主体；表 4-1 的相互作用包含了行动（Actions）和网状关系（Relationships）。因此，为了避免读者混淆了两个理论背景下的行动者（Actors）含义，本书在接下来的章节中，用主体来指代行动者网络的行动者（Actors），即行动者网络分析中参与行动的人类或非人类；本书用行动者来指代表 4-1 所示的行动者（包含了参与对等互动的个体行动者和中介型的行动者平台企业），此时，行动者是复杂系统理论所述的系统的组成部分。

　　② 这里的网状关系，与本书在第四章基于复杂适应系统理论提出的相互作用（具体见表 4-1），本质上是一致的。

性的本质，对于应用网络志研究有很大的潜力。Lugosi 和 Quinton（2018）指出，ANT 网络志方法在分析具体问题时，需要时刻关注表演能力、设定和转译三个要点，具体如表 5-1 所示。与传统网络志方法相比，这三个要点分别体现了 ANT 网络志方法的不同优势，具体分析如下。

表 5-1　ANT 网络志方法的核心要点

ANT 核心	定义	释例
表演能力（Performativity）	正如在戏剧表演中，演员们扮演着不同的角色。人类和非人类主体在网络中扮演着不同角色，如网络创建者、资源传输者、信息传播者、转换者、约束者等	在新浪微博平台上，非人类主体（如某条微博）和人类主体之间不断发生互动（如发布、评论、点赞等），以此形成了微博热点（即以该条微博为核心的行动者网络）。在此过程中，人类主体可以是微博资源的传播者、转换者等角色；该条微博作为非人类主体可能是网络创建者、资源传输者等角色
设定（Enactments）	具有各种能力的人类主体和非人类主体，通过创建、运输、传播、转化、约束等行为，在特定的时间所创造的效果和结果	新浪微博的实时热点（即由人类和非人类主体互动所形成的资源网络）会被其他用户接受并采取行动（如点赞、转发、忽视等），从而使平台系统的算法（即非人类主体）能够区分此类数据，进一步地对其分类、打包以及再传播
转译（Translations）	将人类主体和非人类主体聚集在一起，并相互作用形成行动者网络的过程和实践，该行动者网络会产生影响和结果	微博用户在使用特定设备或新浪社交平台的功能来生产或消费内容时，他（她）的这些行为（阐明、叙事等）都是在尝试着影响流行趋势（即微博热点）。设备（即非人类主体）和微博热点（即已形成的行动者网络）会进一步影响用户如何查看、解释和存储社交媒体内容

二、本书运用 ANT 网络志方法的研究价值

第一，ANT 网络志方法的表演能力要点突出了非人类主体的对等性。ANT 网络志方法表演能力这一要点强调了文本、数字化人工制品、流程等都是实体（Ramaswamy and Ozcan，2018b），它们都是正在进行的实践的组成部分。因此，本书依据 ANT 网络志方法，可将数字化平台生态系统内对等互动划分为两类：人类主体—人类主体的对等互动，以及人类主体—非人类主体的对等互

动。在此基础上，本书借由行动者网络的分析，来识别非人类主体在价值涌现过程中的作用。同时，通过转译过程，本书可聚焦于人类主体与非人类主体之间的相互作用，据此明晰：对等参与子系统内，焦点平台企业不直接参与对等互动，如何推动顾客和商家参与对等互动；在向上因果力子系统和向下因果力子系统内，平台生态系统作为系统级别"资源整合者"，如何实现价值涌现，进而实现"虚拟再生产"。

第二，ANT 网络志方法的实践建构视角体现了价值涌现是一个"过程"。行动者网络理论认为通过实践，世界得以形成和变得可以被理解（Latour，2005）。这表明研究者基于行动者网络理论分析时，任何事物都不是"已完成的"，而是通过分析过程"重新组合的"（Lugosi and Quinton，2018）。本书认为在分析平台服务生态系统的价值涌现过程中，平台服务生态系统作为一个系统级别的"资源整合者"，是由人类和非人类主体所共同构成的行动者组合（具体见本书第四章第一节的行动者具有复杂性的部分），价值是由异质的行动者网络中复杂相互作用涌现生成的。因此，ANT 网络志分析与本书的复杂适应系统理论视角分析价值涌现是具有一致性的。价值涌现永远不会是"已完成的"状态，它是一个"过程"。正如本书第四章所述涌现价值具有恒新性，价值涌现是一个以焦点活动为核心不断产生新高阶资源的过程。平台服务生态系统的内部环境是动态发展的，价值涌现本身是一个不断产生新资源的动态过程。ANT 网络志方法符合价值涌现的研究需要。

第三，ANT 网络志方法整体网络视角有助于分析价值涌现研究的涌现性。ANT 网络志方法转译要点符合本书价值涌现研究的涌现性需要。涌现价值是由平台的组成部分之间的大规模非线性相互作用所诞生的，具有全局性（不可还原为部分之和）特征。基于行动者网络理论的转译分析视角，不是将平台生态系统的价值创造现象视为一组固定元素（如创新、用户、渠道、社交网络和变革推动者）的相互作用，而是要求研究者基于整体的和动态过程的视角来审视行动者网络，即将平台生态系统视为一个"整体"来思考。与此同时，ANT 网络志方法的开放性使研究者在分析不同的价值涌现阶段中，能够使平台服务生态系统内的主体的数量和行动者网络结构发生改变。与此同时，研究者可以依据行动者网络分析框架，结合扎根理论，从整体视角来灵活分析质性材料。这种开放性和灵活性能够为平台服务生态系统的价值创造过程的复杂性和涌现性提供更细致的描述。

综上所述，ANT 网络志方法为本书价值涌现提供了一个有效分析工具。ANT 网络志方法的表演能力、设定以及转译这三个要点符合本书价值涌现分析过程中的开放性需求。价值涌现是一个部分—部分、部分—整体以及整体—部分这三种相互作用、跨层次（微观、中观和宏观）迭代的过程，因此，在数据搜集过程中，需要研究人员保持开放性，不设具体限制性边界，围绕着价值涌现这一核心搜集材料。本书认为 ANT 网络志方法的以上属性使其适合于理解数字化平台服务生态系统的价值涌现过程。

第二节　多元扎根理论研究方法

一、扎根理论对既有文献使用的争议

传统扎根理论坚持研究人员应该是以一块"白板"（Tabula Rasa）进入田野，然后进行归纳性推断（Glaser and Strauss，1967；Corbin and Strauss，1998）。随着扎根理论不断地发展和进化，越来越多的扎根理论学者反对研究人员保持"白板"角色的观点，认为研究者在建构（而不是发现）扎根理论过程中应该对其所扮演的角色保持觉知（Charmaz，2014；Clarke，2005）。这一转变在扎根理论界中得到了广泛认可（Goldkuhl and Cronholm，2010，2018；Flick，2014；Thornberg，2012；Dunne，2011）。与此同时，这一转变意味着在扎根理论研究过程中承认研究者的视角，并将其作为获得洞见和推动对现象理解的来源。Dunne（2011）明确批判了 Glaser 和 Strauss（1967）的节制立场（即前文的"白板"观点），认为在不放弃对议题和田野的开放性的同时，研究者也应该有一种经由文献的反思和思考。本书认可这一转变（即承认研究者对自身扮演角色觉知的重要性和对既有文献使用的肯定）。笔者认为研究者在扎根过程中的影响以及扎根理论研究实际方式都是不能回避掉的。基于对现有进化的扎根理论研究文献的梳理（Goldkuhl and Cronholm，2010，2018；Flick，2014；Thornberg，2012；Dunne，2011），本书发现这种进化的扎根理论观点（即承认研究者对自身扮演角色觉知的重要性和对既有文献使用的肯定）存在五个优点：①对文献系统地梳理和进一步思考，可以帮助研究者理解研究背后的原因和理由；②可以将研究情境化；③可以促进编码和理论生成的清晰性；④可以增强研究者的研究敏感度；⑤与 20 世纪 60 年代中期的 Glaser 和 Strauss 的情况相比，现在各研究领域已经趋于饱和，当下学者越来越重视跨学科领域的交叉研究。孤立的理论发展也意味着存在非累积性理论发展的风险。因此，研究人员通常是在现有知识（即引入其他学科领域元理论）的基础上建立新知识。在理论化过程中，扎根研究者将不断发展的理论与已建立的研究联系起来是非常重要的。

总体而言，随着扎根理论学术研究的发展和推进，越来越多的扎根理论学者推崇现有理论可以用作构建新理论的经验数据基础这一观点（弗里克，2021）。据此，本书以第四章的图 4-1 数字化平台服务生态系统的涌现属性生成框架作为本书价值涌现机理分析的初步框架，并在后续研究中保持开放性，让数据讲述故事，最终引导出本书最终的价值涌现机理理论框架。需要指出的是，本书第四章的图 4-1 是笔者在研究前期，从复杂适应系统理论视角重新审视数字化平台服务生态系统涌现属性的初步研究结果。本书以此作为扎根理论的初步框架符合弗里克（2021）强调的"研究情境化的第三个方面是指研究者在理论发现过程中的角色"观点。本书第四章的图 4-1 将为研究者在研究过程中提供复杂系统视角，以此作为获得洞见的来源和推动对数字化平台服务生态系统内涌现现象的理解。与此同时，这能够增强研究人员对价值涌现研究的敏感度。

二、多元扎根理论：一种进化的扎根理论

基于前文分析，本书选择 Goldkuhl 和 Cronholm 于 2010 年在 *International Journal of Qualitative Methods* 期刊提出的多元扎根理论（Multi-Grounded Theory）为本书的数据分析方法。此研究方法已受到营销以及其他管理领域学者的认可和应用（Albats et al. , 2020; Goldkuhl et al. , 2020），是一种结合了归纳（即数据驱动）和演绎（即理论驱动）的进化的扎根理论（Goldkuhl and Cronholm，2018）。具体来说，多元扎根理论方法包含了三个扎根流程：①经验数据扎根（Empirical Grounding）是指以数据驱动展开归纳和编码。具体见本书第六章的开放式编码、主轴编码和选择编码。②理论扎根（Theoretical Grounding）是指本书在价值涌现机理扎根过程中，将本书扎根结果不断地与现有的行动者网络理论、复杂适应系统理论、服务生态系统理论等文献进行比较和剖析。具体见本书第六章编码过程和第七章的价值涌现机理分析。③内部扎根（Internal Grounding）是指研究者要评估价值涌现理论内部（在理论的元素之间）的一致性。具体见本书第四章第三节、第七章以及第八章。具体扎根步骤如图 5-1 所示。

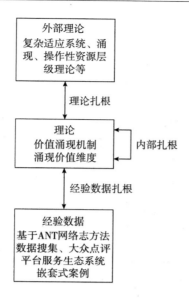

图 5-1　多元扎根理论的三个过程

资料来源：Goldkuhl G，Cronholm S. Adding Theoretical Grounding to Grounded Theory：Toward Multi-Grounded Theory ［J］. International Journal of Qualitative Methods，2010，9（2）：187-205.

第三节　基于 ANT 网络志方法和多元 扎根理论相结合的研究流程

　　本书将 ANT 网络志方法（Lugosi and Quinton，2018）和多元扎根理论（Goldkuhl and Cronholm，2010，2018）相结合来分析价值涌现机理，具有一定的学术价值。需要指出的是，如图 5-2 所示，整个研究过程不是线性的，而是持着开放的心态，展开研究、思考、观察、再研究的过程。

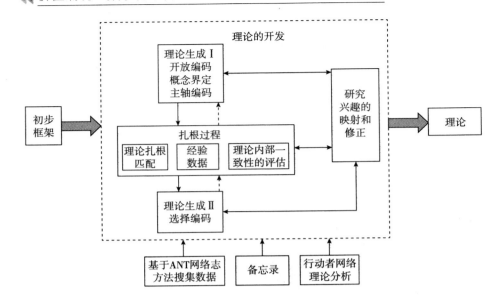

图 5-2　本书基于 ANT 网络志和多元扎根理论的研究步骤

在数据搜集和开放式研究过程中，以 ANT 网络志方法的三个要点（即表演能力、设定和转译）作为理论依据，使本书的研究过程更为聚焦且规范，具体包括三个方面：①依据主体及其分类撰写备忘录。此步骤对应着 ANT 网络志方法的表演能力要点，研究人员围绕具体的研究问题，确定在行动者网络中具体的焦点活动、人类主体和非人类主体有哪些。这一环节过程中，有助于研究人员围绕价值涌现这一研究问题，全面分析主体种类，以此为依据搜集具体的材料，具体见本书第六章第二节。同时，这使研究人员保证开放心态探索的同时，又能够聚焦研究问题，不断地质疑非人类主体的作用潜力。②判断焦点主体角色。此步骤对应着 ANT 网络志方法的设定要点，研究人员围绕具体研究问题确定当下行动者网络中焦点主体、主要协作主体以及其他主体的角色。具体见本章第四节。③运用 ANT 网络志方法搜集数据。此步骤对应着 ANT 网络志方法的转译要点。研究人员围绕着焦点主体所确定的"必经之点"，结合行动者分类备忘录来搜集数据，并对数据进行筛选。据此，本书基于 ANT 网络志方法的行动者网络理论分析内容，围绕人类主体和非人类主体的互动过程，不断地搜集数据。具体见本书第六章第一节。这既满足了本书研究过程中材料来源的多样性，又保证了本书在材料筛选时的规范性。

本书在数据分析过程中结合了行动者网络理论分析和多元扎根理论。本书在第五章分析的基础上，分别构建平台企业行动者网络（见图6-2）和平台服务生态系统行动者网络（见图6-3）。在此基础上，研究人员依据行动者网络（即图6-2和图6-3）来开放编码，分析文本和图像。这有助于研究人员在分析材料的时候把握具体的分析单元和研究重点，有助于研究人员发掘不同范畴之间的关系，明晰价值涌现非线性迭代过程。

第四节　理论抽样

针对研究问题，本书选择嵌套式纵向案例研究设计。首先，本书研究主题属于典型的"怎么样""为什么"研究问题，因此，本书的价值涌现机理研究适合采取案例研究方法（Eisenhardt，1989）。其次，数字化平台服务生态系统作为一个复杂适应系统，其涌现价值是在对等参与子系统、向上因果力子系统以及向下因果力子系统的迭代过程中生成的。本书基于 ANT 网络志方法（Lugosi and Quinton，2018），采用纵向案例分析，可以围绕焦点活动形成相应的行动者网络，能够明确价值涌现的关键时间发生次序，有利于识别价值涌现的不同阶段，从而深入把握价值涌现机理。最后，嵌套式案例研究是指在同一个案例研究中存在多个分析单元（殷，2004），该方法结合了纵向单案例能探索动态以及系统的过程等双重优势（罗顺均等，2015；殷，2004）。本书围绕着数字化平台服务生态系统的涌现价值这一主题，以焦点活动（即基础型活动和系统级别新活动）为核心构建行动者网络，将价值涌现划分为基础型活动与系统级别新活动这两个价值涌现阶段作为研究着力点，与此同时，结合ANT 网络志方法（Lugosi and Quinton，2018），分别构建平台企业行动者网络与平台服务生态系统行动者网络，这两个行动者网络分别是指：①以平台企业为焦点主体，包含了对等参与子系统行动者网络；②以平台服务生态系统为焦点主体，包含了对等参与子系统行动者网络、向上因果力子系统和向下因果力子系统的行动者网络。据此，本书逐步将数字化平台服务生态系统案例的两个价值涌现阶段发展成为相互独立但又相互联系的 2×2（即 2 个行动者网络×2个价值涌现阶段）研究单元，来建立多个分析时间框架。因此，随着时间的推移，我们将确定行动者网络的多个配置，而不是单个行动者网络的配置。这使本书能够从时间、跨层次（微观、中观和宏观）多角度来分析价值涌现过程，以揭示价值涌现的复杂性及涌现性。

基于此，本书依据案例研究的典型性和数据真实性要求，选择大众点评（dianping.com）平台生态系统作为案例研究样本。第一，就案例的典型性（Eisenhardt，1989）而言，大众点评网是美团点评平台企业旗下国内领先的生活信息线上搜索平台。自 2003 年成立以来，大众点评网一直致力于 O2O（On-line to Offline）数字平台服务生态系统的构建。据美团点评官方披露的 2019 年报显示，截至 2019 年 12 月 31 日，大众点评平台已累积国内数百万商家超过77 亿条点评数据。2019 年度大众点评每月活跃的点评 VIP 用户（核心用户群）数量超过 100 万，持续为平台贡献超过 1 亿条优质点评信息①。由此可知，大众点评已形成了一个较为成熟且具有活力的数字平台生态系统，是一个非常好的研究样本。与此同时，大众点评平台自 2017 年推出了国内首个基于

---

① 韩肖. 2019 大众点评年度 VIP 会员奖项颁布　潮流达人分享本地美好生活［EB/OL］. 中国经济网，［2019-12-16］. http：//www. ce. cn/cysc/sp/cyaq/201912/16/t20191216_33862845. shtml.

用户点评大数据的美食榜单——必吃榜活动，榜单以"跟着吃，就对了！"口号，成为了国内权威美食指南。2017~2019 年，大众点评平台围绕着各城市本土特色陆续地推出了"必吃餐厅""必吃菜""必吃逛街道""必逛商场""必住酒店"等"必系列"榜单活动，基于大众协作的大数据推出具有本土特色的"吃喝玩乐"决策的新标杆。2019 年必吃榜发布会上，大众点评总经理贾云表示 2018 年必吃榜流量同比增长 503%，成为了大众点评到店效率第一的活动①。必吃榜活动是大众点评平台基于整个平台服务生态系统的大数据所开发的，符合本书系统级别新活动研究对象的要求。第二，就数据真实性而言，大众点评平台及其"必吃榜"活动累积了大量真实的点评数据。"必吃榜"等活动已成为该平台主推业务，已受到国内人民网、新浪财经等权威新闻媒体的关注，并形成了一系列报道，为本书研究积累了大量的研究素材。与此同时，美团点评平台企业旗下设有官方新闻中心和美团研究院，发布该企业最新官方新闻宣传资料以及行业报告，具体如表 6-2 所示。这些都保证了本书研究纵向数据的可获取性、真实性和权威性。

第五节　行动者网络理论分析

由第四章分析已知，数字化平台服务生态系统的价值涌现机制是对等参与、向上因果力以及向下因果力这三个子系统的迭代过程，分别代表了平台服务生态系统内部分—部分相互作用、部分—整体相互作用以及整体—部分相互

---

① 2019 大众点评必吃榜：1463 家必吃餐厅、655 道必吃菜、38 条必吃街亮相［EB/OL］. 新浪财经网，［2019-07-06］. http：//finance. sina. com. cn/stock/relnews/hk/2019-07-06/doc-ihytcitm0071093. shtml.

作用。基于此，本书结合 ANT 网络志方法（Lugosi and Quinton，2018）和复杂适应系统理论（霍兰，2019），分别以平台企业为焦点主体的行动者网络（以下简称"平台企业行动者网络"）、以平台服务生态系统为焦点主体的行动者网络（以下简称"平台服务生态系统行动者网络"）这两个行动者网络的构建过程来搜集和筛选数据。其中，平台企业行动者网络主要体现的是价值涌现机制的部分—部分相互作用，是针对对等参与子系统的行动者网络分析；平台服务生态系统行动者网络主要体现的是价值涌现机制的部分—整体相互作用以及整体—部分相互作用，是由对等参与子系统的行动者网络（此时作为一个非人类主体）、向上因果力子系统和向下因果力子系统所构成的。具体分析如下：

一、平台企业行动者网络的主体类别、角色以及转译分析

（一）主体及其分类

依据 Lugosi 和 Quinton（2018）提出的 ANT 网络志方法的第一个要点——表演能力，研究人员主要分析对等参与子系统内焦点活动、人类主体和非人类主体有哪些。本书的大众点评平台生态系统案例中，对等参与子系统的行动者网络内人类主体有顾客[①]（点评者和浏览评论者）、商家以及平台企业；非人类主体有系统内的技术行动者（见表5-2）。该技术行动者是指由平台企业所提供的流程类功能（P）或接口类功能（I）（Kietzmann et al.，2011），与大规模的点评信息（API）相结合后，具有资源属性（Singaraju et al.，2016），成为了平台服务生态系统内具有对等性的非人类主体。非人类主体作为数字化平台服务生态系统内的"原住民"，在对等参与过程中扮演着具有自主性的行动者角色（Hoffman and Novak，2018），是具有对等性的。平台企业作为中介

———————

[①] 为了便于读者理解，顾客是指相对于提供用餐服务的商家而言的，是指点评平台的个人用户。事实上，无论是顾客还是商家自身都是点评平台的用户群体。

型行动者，是对等参与的推动者，为对等行动者提供了一个虚拟空间（I）（Ramaswamy and Ozcan，2018a），并围绕着焦点活动设置相关流程（P）来有效地匹配对等行动者的需求和资源（Eckhardt et al.，2019）。

表 5-2 平台企业行动者网络的主体及其分类

种类	主体	解释
人类主体	顾客	为了便于读者理解，本书的顾客是相对于提供线下服务的商家而言的，同时也是点评平台的线上用户（即对等行动者）。这既可以是个人用户，也可以是企业用户（如商家可以在线发布促销信息、回复顾客的评论进行互动等）。用户可以在平台上发布信息（服务提供者）或者浏览以往的点评信息（服务体验者）
	商家	商家是指提供线下服务者。本书案例中的商家是指提供线下用餐服务的商家
	平台企业	平台服务生态系统内的焦点平台企业，是对等互动的推动者，不直接参与对等互动。本书案例中是大众点评平台企业
非人类主体	技术	技术是指由数字化人工制品（A）、流程（P）以及接口（I）和大规模信息所组成的非人类主体（API）
	外部环境	本书将环境视为行动者可以整合的资源。外部环境是相对于平台服务生态系统内部环境而言的，是指除了平台服务生态系统内部环境以外的，顾客的线下社会资源（如人际关系、就业市场、社会阶层等）中发展的社会关系。本书基于消费者文化理论，认为物理资源不是有形物品，而是指顾客通过人性所拥有的先天资源（如感觉、能量、情感和力量）；文化资源是指顾客所具有的专业知识、技能、用餐经历等
焦点活动	点评活动	平台服务生态系统赖以生存的基础活动
子系统	对等参与子系统	该子系统是价值涌现的启动基础

资料来源：笔者整理。

本书将环境视为行动者可以整合的资源，属于非人类主体。外部环境是相对于平台服务生态系统内部环境而言的（具体分析见本书第四章），是指除了平台服务生态系统内部环境以外的人类主体的基础型资源（BORs）。本书依据操作性资源层级理论和消费者文化理论（Arnould and Thompson，2005），将外部环境资源划分为三大类：物理 BORs、社会 BORs 和文化 BORs。其中，物理

BORs 不是指有形物品，而是基于消费者文化理论（Arnould and Thompson，2005；Singaraju et al.，2016）。物理 BORs 是指个人顾客通过人性所拥有的先天资源（如感觉、能量、情感和力量等）。社会 BORs 是指顾客通过线下的群体环境中（如人际关系、就业市场、社会阶层等）发展出的特殊的社会关系。文化 BORs 是指顾客所具有的专业知识、技能、用餐经历等。此时，平台企业行动者网络的焦点活动是点评活动（分享协作），这是大众点评平台服务生态系统赖以生存的根本，是系统内的基础型活动。

（二）判断焦点主体角色：平台企业

依据 Lugosi 和 Quinton（2018）提出的 ANT 网络志方法第二个要点——设定，研究人员需要确定在行动者网络中主体的角色，具体可划分为焦点主体、主要协作主体和其他主体，具体如表 5-3 所示。

表 5-3　平台企业行动者网络的主体角色划分

角色	主体	解释
焦点主体	平台企业	提出微观层次的价值主张（游戏邀请、连接或匹配），吸引对等参与者的加入
主要协作主体	顾客，技术（流程类 BORs，接口类 BORs，以往的点评数据 API）	顾客通过与技术的对等互动，整合外部环境资源（如对服务体验的主观性感受、观察到的商家实际服务信息等），借由数字化技术将资源液化（即信息和物理资源相剥离），以点评数据形式注入平台服务生态系统内，形成知识资源
其他主体	商家，外部环境	就商家而言，一方面，商家为点评用户提供了服务体验，是点评人撰写评论的基础；另一方面，顾客在虚拟平台内的点评会影响实体商家的销售业绩。就外部环境资源而言，顾客通过对等互动，借由资源整合过程，将外部资源注入平台服务生态系统内

资料来源：笔者整理。

（1）焦点主体是指平台企业行动者网络的价值主张的提出者。作为对等参与行动者网络的创建者，焦点主体定义其他主体可能共享的利益，确立了自己是必不可少的，并设定了行动者网络中所有行动者必须通过的"必经之点"。本书案例中，大众点评平台企业确认了点评分享这一焦点活动，明确其他主体参与点评行动者网络的"必经之点"是分享详细、真实及透明的商家信息。

（2）主要协作主体是行动者网络里参与对等互动的个体行动者①，此类行动者是网络内主要协作者。对等参与具体可以划分两类：第一，人类主体——人类主体对等互动。这是指顾客之间的互动，即点评人和浏览用户之间的互动。点评人是信息资源的分享者，通过使用平台写点评的活动，将个人经历和商家相关信息转化成数字化人工制品，同时，顾客之间可以相互点赞、收藏、回应等表示支持和对话。第二，人类主体——非人类主体对等互动。这是指顾客运用平台技术的一个学习过程。学习是一个迭代的过程：搜集信息（即参与对等互动）→资源整合（即消费决策）→用餐（即服务体验）→写点评（即通过参与对等互动，对服务体验进行反馈）。具体来说，顾客通过大众点评平台的以往数据（API）来学习商家的信息，作出相应的决策（用餐或不用餐、点哪个菜或不点餐），然后，在用餐结束以后，通过 API 来分享自己对此次用餐的一个反馈。这是平台生态系统虚拟再生产的体现（Ramaswamy and Ozcan，2018a）。

（3）其他主体是指对等参与行动者网络在协作过程中所涉及的其他的角色和资源。一方面，数字平台系统内的线上对等互动促进了线下服务体验，为线下商家创造了盈利；另一方面，线下商家提供服务体验（优质或较差的）会促进顾客在数字平台上进行点评。就外部环境资源而言，顾客通过对等互动，借由资源整合过程，将其注入平台服务生态系统内。

（三）转译分析及数据搜集的理论依据

依据 Lugosi 和 Quinton（2018）提出的 ANT 网络志方法第三个要点——转

---

① 为了便于读者分辨行动者网络理论和复杂系统理论的"Actors"的区别，本书用"行动者"来指代第四章的表 4-1 所示的行动者（包含了参与对等互动的个体行动者和中介型的行动者平台企业），此时，行动者是复杂系统理论所述系统的组成部分。本书用"主体"来指代行动者网络理论表述的参与行动的主体，主要分为两种：人类和非人类的主体。

译，即研究人员分析焦点主体如何通过焦点活动将人类主体和非人类主体聚集在一起，并促进人类和非人类主体之间的相互作用，以形成行动者网络的过程和实践，进而产生的结果是什么，具体步骤包括问题化、利益赋予、招募以及动员。这是 ANT 网络志方法基于行动者网络的整体视角，结合表演能力和设定这两个维度展开分析的过程，有助于研究人员在分析不同材料时，聚焦于人类主体和非人类主体之间的相互作用，使本书研究更为规范。平台企业行动者网络是对价值涌现的对等参与子系统进行分析，因此，本阶段材料是 6 个商家案例的点评数据（见表 6-3），分析对等参与子系统的过程。图 5-3 结果显示的是对等参与子系统内，平台企业作为焦点主体是如何转译促进对等行动者参与协作的。

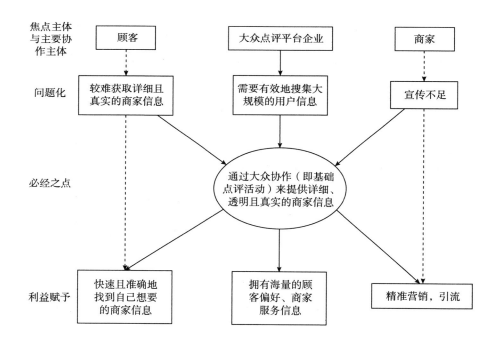

图5-3　大众点评平台企业行动者网络转译过程

资料来源：笔者整理。

（1）问题化步骤是指大众点评平台企业作为对等参与行动者网络的焦点主体，明确其他主体的需求，以明晰该行动者网络的必经之点（OPP）是大众协作。这是此对等参与子系统的行动者网络的焦点活动（即点评分享）最根本的目的。此时，大众点评平台企业向顾客和商家提出了参与协作这一"邀请参与游戏和连接真实世界"的价值主张（Frow et al.，2014），这是平台服务生态系统内中观层次的价值主张，用于协调对等参与子系统的大众协作。与此同时，对等行动者在参与过程中，基于微观层次的"承诺和建议"（Promises and Proposals）（Frow et al.，2014），分享详细和真实的商家服务信息。在这一问题化过程中，ANT 网络志材料来源聚焦于大众点评平台企业这一行动者，因此，需要找的是大众点评平台官方宣传信息以及官方的新闻报道。

（2）利益赋予步骤是指大众点评平台企业通过运用自身的技能、知识或者其他来源，以说服其他主体（顾客或商家）加入对等参与行动者网络的过程。这个过程是平台企业为对等行动者（即顾客和商家）提供问题解决方案。对于商家而言，大众点评平台企业提供了商务推广服务，以帮助商家能够触达顾客。对于顾客而言，大众点评提供了分享、对话、身份等功能（Kietzmann et al.，2011），可以分享商家信息和体验。一方面，顾客能够分享自己的体验和观察的信息，具体包括：顾客能够通过平台的对话（沟通）功能向商家进行反馈（对服务体验提供相关建议、相关活动表示认可、与品牌建立连接等）；或者通过平台的点赞、回应等功能，对其他用户的分享进行反馈；又或者顾客在点评过程中有意识或无意识地自我披露（如思想、喜好、情感等）。顾客可以通过对等参与获得享乐价值。另一方面，顾客可以通过平台查看以往的点评信息（API），可以学习品牌知识，进而进行消费决策。此时，顾客可以通过对等参与获得功能价值。因此，在利益赋予过程中，ANT 网络志材料来源聚焦于平台企业官方的业务宣传资料，聚焦于大众点评平台企业作为焦点主体是如何说服对等行动者以及提供相应的问题解决方案。

（3）在招募过程中，大众点评平台企业通过开发点评活动，为顾客提供点评、点赞、发布图片或文字等一系列的流程（P），以及将大众点评 App 这一接口（I），推动点评用户接受自身的协作任务。顾客线下消费后，及时发布商家服务真实的信息，以为其他点评用户分享信息。此时，基于 ANT 网络志方法，可以看出平台服务生态系统内以往信息（API）、流程（P）以及接口（I），都可视为非人类主体，与人类主体之间对等互动。因此，针对此过程，本书在 ANT 网络志材料搜集阶段，主要聚焦于商家的点评数据。

（4）在动员阶段，大众点评平台企业虽然没有直接参与对等互动，但是作为焦点主体，需要维持行动者网络内其他主体之间有序地协作。因此，大众点评平台企业作为第三方，制定了相关的点评诚信规则，约束商家和顾客的对等参与行为。此外，大众点评平台企业推出一系列优惠活动（如霸王餐、试吃等）以及优质商家推送等功能，促进对等行动者参与协作。在此阶段，本书 ANT 网络志材料来源聚焦于大众点评平台企业官方点评诚信规则发布，以及官方公布新闻媒体对于虚假点评信息的报道，同时还包括在点评数据内顾客的差评信息。

二、平台服务生态系统行动者网络的主体类别、角色以及转译分析

（一）主体及其分类

依据 Lugosi 和 Quinton（2018）提出的 ANT 网络志方法的第一个要点——表演能力，研究人员围绕平台服务生态系统的价值涌现过程，分析向上因果力子系统以及向下因果力子系统内具体的焦点活动、人类主体以及非人类主体是什么。本书的大众点评平台案例中，平台服务生态系统行动者网络内，非人类主体包括对等参与子系统（即前文的平台企业行动者网络）、内部环境、外部环境、焦点活动以及平台服务生态系统；人类主体包括顾客、商家和平台企业，具体如表 5-4 所示。

表5-4　平台服务生态系统行动者网络的主体及其分类

种类	行动者	解释
人类主体	顾客	平台的对等行动者，用户点评（服务提供者）或者浏览以往的点评信息（服务体验者）
	商家	本书案例中是指提供线下用餐服务的商家
	平台企业	焦点平台企业，本书是指大众点评平台。依据行动者网络理论，平台企业可以视为平台生态系统的代言人
非人类主体	对等参与子系统	本书结合行动者网络理论的封装组件特征和复杂适应系统理论的行动者聚集特征，认为对等参与子系统可封装视为平台服务生态系统行动者网络内的一个非人类主体。该行动者源源不断地向系统内注入资源（即大数据），形成了用户信息资源
	内部环境	本书将环境视为行动者可以整合的资源。内部环境是由隐性制度（对等行动者自组织协作生成的声誉+上一轮价值涌现生成的规则）和显性制度（平台企业制定相关活动规定所组成的制度组合
	活动	活动是指由平台企业开发的异质性资源整合的活动，用于吸引对等行动者参与互动
	平台服务生态系统	依据复杂适应系统理论，平台生态系统可视为一个系统级别的行动者，能够通过学习调整自身的行为（即异质性资源整合），以适应外部环境的变化
	外部环境	本书将环境视为行动者可以整合的资源。外部环境是相对于平台服务生态系统内部环境而言的，是指除了平台服务生态系统内部环境以外的线下资源，包括顾客的社会资源和物理资源
焦点活动	异质性资源整合活动	价值涌现迭代 T_1 阶段，该行动者网络的焦点活动是基础型活动。价值涌现迭代 T_2 阶段，该行动者网络的焦点活动是系统级别新活动
子系统	对等参与子系统、向上因果力子系统和向下因果力子系统	此时，对等参与子系统作为一个非人类主体，与其他主体发生互动。向上因果力子系统是平台服务生态系统价值涌现的动力，是部分—整体相互作用的体现。向下因果力子系统是平台服务生态系统价值涌现的控制子系统，是整体—部分相互作用的体现

资料来源：笔者整理。

（1）顾客是人类主体，是指大众点评平台内的对等行动者，包括写点评的用户（服务提供者）和浏览信息的用户（服务体验者）。

（2）商家是人类主体，是指提供线下用餐服务的商家。与此同时，商家也可以在大众点评平台上发布优惠信息、与点评用户进行沟通互动等。需要注意的是，当商家通过大众点评 App 与点评用户对话或沟通时，商家可被视为一名对等行动者。

（3）平台企业是人类主体，本书案例中是指大众点评平台企业。在行动者网络中，非人类主体的意愿需要通过代言人表达出来（Latour，2005）。因此，在此行动者网络中，大众点评平台企业不仅是人类主体，还作为平台服务生态系统（非人类主体）的代言人而存在。

（4）对等参与子系统是非人类主体。依据行动者网络理论的封装组件特征（Callon，1990），在行动者网络构建的过程中，可以将一整个行动者网络（即 A）封装为另一个行动者网络（即 B）内的某个节点。换言之，在行动者网络分析过程中，研究者可根据观察角度的不同，将一个网络（A）视为另一个行动者网络（B）内的一个节点的存在。同时，由前文第四章的第一节可知，复杂适应系统理论指出行动者具有跨层次聚集特征。具体来说，个体行动者通过相互作用聚集在一起，就会形成一个更高层次的"聚集行动者"，"聚集行动者"再次聚集，就会形成更高层次的新"聚集行动者"。"聚集行动者"的形成不代表抹灭了个体行动者的存在。原有个体行动者不仅没有消失，还嵌入在新"聚集行动者"内，进而更好地适应和发展。由此可得，这与行动者网络理论的封装组件特征是一致的。因此，本书结合行动者网络理论的封装组件特征和复杂适应系统的聚集特征，在构建向上因果力和向下因果力行动者网络过程中，可将对等参与行动者网络封装为其节点，即视为一个非人类主体。该非人类主体能够源源不断地向平台服务生态系统内注入资源（即大数据），形成用户信息资源。

（5）内部环境是非人类主体，是指平台服务生态系统的行动者自生成的制度组合，是平台服务生态系统的"隐性边界"，不同于层级式的指令控制（Axelrod and Cohen，2000），是复杂系统内行动者自生成的共享价值观、共享意图等隐性规则（Taillard et al.，2016；Vargo and Lusch，2016）。本书将内部环境视为非人类主体，认为其是可以进行资源整合。值得注意的是，此时内部环境依托于互联网技术来建立数字化环境。对等行动者的每一个协作行为，都是其与内部环境（即非人类主体）之间的相互作用，能够持续性修改内部环境。与此同时，制度组合作为行动者对等互动的情境或行为规则，能够促进或约束对等行动者的参与行为（Siltaloppi et al.，2016）。

（6）活动是非人类主体，是指由平台企业开发的异质性资源整合的活动，用于吸引对等行动者参与互动。这是复杂适应系统内的标识机制。本书认为活动作为一个非人类主体，能够协调对等行动者的参与行为。值得注意的是，在平台服务生态系统价值涌现的不同阶段，该行动者网络的焦点活动（即基础型活动和系统级别新活动）有所不同，具体见本章第三节分析。

（7）平台服务生态系统是非人类主体。平台生态系统作为一个复杂适应系统，其本身可视为一个系统级别的"聚集行动者"，是一个系统级别的资源整合者（Singaraju et al.，2016），能够通过异质性资源整合生成涌现价值（Peters，2016）。与此同时，依据行动者网络理论（Latour，2005），平台服务生态系统通过平台企业（即人类主体）这一代言人来表达意愿。

（8）外部环境是非人类主体。本书将外部环境视为行动者可以整合的资源。内部环境是指平台服务生态系统范围以内行动者直接相互作用的制度情境。与之相比，不在平台服务生态系统范围内的环境部分，则是外部环境。平台服务生态系统内，对等协作是处于一个数字、社会和物理三个维度交叉组合的情境中（Bolton et al.，2018）。

（二）判断焦点主体角色：平台服务生态系统

依据 Lugosi 和 Quinton（2018）提出的 ANT 网络志方法第二个要点——设定，研究人员需要确定主体的角色，具体如表5-5所示。

表 5-5　平台服务生态系统行动者网络的主体角色划分

角色	主体	解释
焦点主体	平台服务生态系统	平台服务生态系统通过"代言人"（即平台企业），提出系统级别价值主张，以吸引其他主体加入。此外，平台服务生态系统作为一个系统级别资源整合者，能够通过异质性资源整合，实现价值涌现
主要协作主体	平台企业和对等参与子系统	平台企业依托于对等参与子系统产生的海量信息资源，开发相关活动以推动对等参与
其他主体	顾客、商家、内部环境、活动以及外部环境	平台服务生态系统的涌现价值具有向下因果力，会通过内部环境（制度组合）来促进或约束行动者（平台企业和对等行动者）的行为。平台企业可开发活动，以整合系统内资源，推动对等行动者参与互动，进而提高顾客和商家使用平台的价值，同时使系统向外部环境输出资源

资料来源：笔者整理。

（1）焦点主体。在平台服务生态系统的行动者网络中，焦点主体是平台服务生态系统，本书案例是指大众点评平台服务生态系统。一方面，大众点评平台服务生态系统提出了系统级别价值主张（本书案例中是"发现品质生活"），吸引网络内其他主体（即顾客、商家等）加入。另一方面，大众点评平台服务生态系统作为一个系统级别资源整合者，通过异质性资源整合过程，实现价值涌现。最终，大众点评平台服务生态系统改善了自身的资源基础，通过涌现价值的向下因果力，实现对其他主体（平台企业和对等行动者）的约束或促进。

（2）主要协作主体。在平台服务生态系统行动者网络中，主要协作主体包括平台企业和对等参与子系统。依据行动者网络理论的封装组件特征（Callon，1990），对等参与子系统被视为一个非人类主体加入平台服务生态系统行动者网络内，通过对等行动者之间的互动，不断地为平台服务生态系统注入新的信息资源。与此同时，平台企业作为人类主体是平台服务生态系统的代言人，能够向系统内外传达平台服务生态系统的意愿。因此，平台企业和对等参与子系统是与平台服务生态系统直接相关的主要协作者。

（3）其他主体。在平台服务生态系统行动者网络中，其他主体包括顾客、商家、内部环境、活动以及外部环境，具体如表5-5所示。这些行动者为平台服务生态系统内价值涌现过程提供了相应的资源。

（三）转译分析及数据搜集的理论依据

依据 Lugosi 和 Quinton（2018）提出的 ANT 网络志方法第三个要点——转译，分析焦点主体平台服务生态系统是如何通过焦点活动将人类主体和非人类主体聚集在一起，并生成涌现价值。具体步骤包括问题化、利益赋予、招募以及动员，如图5-4所示。这是 ANT 网络志方法基于表演能力和设定要点的整合，有助于本书聚焦人类主体和非人类主体之间的相互作用，从而辨析 ANT 网络志材料的来源，使本书研究更为规范。平台服务生态系统行动者网络是对

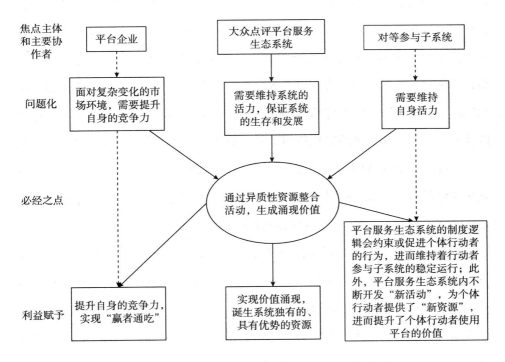

图5-4　大众点评平台服务生态系统行动者网络转译过程

资料来源：笔者整理。

向上因果力子系统和向下因果力子系统的分析。依据前文分析，此时，焦点主体是平台服务生态系统；主要协作主体是平台企业和对等参与子系统；其他主体有活动、内部环境、外部环境以及信息资源。

（1）问题化。大众点评平台服务生态系统作为行动者网络的焦点主体，明确了该行动者网络的必经之点（OPP）是通过异质性资源整合活动，实现价值涌现，进而维持系统的活力。这是此行动者网络最根本的目的。此时，大众点评平台服务生态系统作为一个系统级别的非人类主体，通过其代言人（平台企业），向整个生态系统内的行动者提出了系统级别的价值主张——"发现品质生活"，这正符合 Frow 等（2014）的观点：一个生态系统级别的价值主张是系统内所有行动者的"旅行目的"。这是指系统级别的价值主张是整个生态系统内所有行动者的共同目的，体现了系统内微观、中观和宏观层次的协同作用。对等参与子系统需要持续性从外部环境中吸收资源，从而输入到平台服务生态系统。平台企业作为人类主体，一方面，需要面临复杂变化的市场环境，不断提升自身的竞争力；另一方面，平台企业扮演着平台服务生态系统的"代言人"，需要通过开发新活动来促进对等参与子系统、向上因果力子系统以及向下因果力子系统的迭代作用，从而提升平台服务生态系统整体的生存能力。因此，本书在 ANT 网络志分析过程中的材料来源，需要聚焦于以平台企业为主体的官方业务推广材料、新闻报道等信息，以及以平台服务生态系统为主体的官方材料、新闻报道等材料进行筛选。

（2）利益赋予。利益赋予阶段是指大众点评平台服务生态系统作为一个系统级别的主体，能够自我学习，主动地调整和改变自己，通过调用系统内跨微观、中观和宏观三个层次的资源，说服其他主体（平台企业、顾客、商家、对等参与子系统等）参与行动者网络，进行协作。本书结合复杂适应系统理论和操作性资源层级理论，认为平台服务生态系统通过"代言人"（即平台企业）为其他主体的问题化提供了解决方案——系统级别的异质性资源整合活动，进而促进系统级别的互连型操作性资源（即 IORs）的产生，以改变整个系统的资源基础，提升整个系统的竞争力。

（3）招募。招募阶段，大众点评平台服务生态系统借由发言人平台企业，不断地基于系统内大数据开发新活动，以不断说服其他主体的协作，从而实现整个系统的资源（重新）整合。

（4）动员。动员阶段，大众点评平台服务生态系统主要通过调用系统内资源，确保行动者网络内的其他主体能够稳定协作。一方面，平台服务生态系统借由发言人（平台企业），制定了相关点评诚信规则、必吃榜活动评选规则，以及成立诚信管理部门等方式，约束商家和顾客的行为。这是属于平台服务生态系统的"显性制度组合"。另一方面，平台服务生态系统通过对等参与子系统的协作，形成了行动者自生成的制度组合，即以对等协作为核心的声誉机制，这是平台服务生态系统的"隐性制度组合"。因此，在 ANT 网络志材料搜集和筛选阶段，要搜集平台官方发布的点评规则、相关新闻媒体分别对平台内"显性制度""隐性制度"的相关报道，同时，还需要关注由点评数据内能够体现声誉机制等。

综上所述，本章通过行动者网络理论分析，将大众点评平台服务生态系统划分为平台企业行动者网络和平台服务生态系统行动者网络，以此描绘价值复杂适应系统及其内部的"部分"与"整体"之间的复杂关系。据此，本书在第六章以本节行动者网络理论分析为基础，分别构建平台企业行动者网络和平台服务生态系统行动者网络。在开放编码过程中，研究者以以上两个行动者网络为依据，保持敏感度和开放性，发掘不同范畴之间的关系，进而明晰价值涌现非线性迭代过程。

第六章

数据分析与理论模型构建

第一节　基于 ANT 网络志方法的数据搜集和清洗

一、基于焦点活动的价值涌现阶段划分

价值涌现是数字化平台服务生态系统内部分与整体之间相互作用持续性迭代的过程。因此，对于涌现价值的分析需要考虑上一轮迭代结果是如何成为下一轮迭代的初始值。本书依据 Adner（2017）的"生态系统作为结构"战略理论，大部分平台生态系统是隐性且潜在的，只有为了实现新价值主张开展新活动（即焦点活动），面临变化需求的时候，生态系统结构的作用才会显现出来。此时，结构是指为了实现价值主张采取的活动之间的相互作用。基于此，本书认为平台服务生态系统的价值涌现是以焦点活动为核心而

展开的异质性资源整合，该焦点活动可划分为两类：①基础型活动。这是数字化平台服务生态系统赖以生存的基础活动，是其最原始的对等协作活动。在大众点评平台服务生态系统案例中，是指点评分享活动。这是对等行动者之间共创价值活动，是大众点评平台服务生态系统价值涌现的基础。②系统级别新活动。该活动是指平台企业依托于系统内现有的基础型活动所产生的大数据，不断开发的系统级别新活动。当系统级别新活动被开发了，平台生态系统的结构才会如 Adner（2017）所述的显现出来。具体来说，该系统级别新活动的特点是，以基础型活动（如大众点评内的点评协作）生成的信息资源为基础，平台企业（如大众点评平台企业）结合自身的市场知识和大数据处理能力，开发了能够实现"自上而下"引导对等行动者互动的活动。

据此，本书案例以大众点评平台服务生态系统的 2018 年"必吃榜"活动为样本，将价值涌现划分为 T_1 阶段和 T_2 阶段这两个过程。T_1 阶段是指基础型活动的价值涌现，是指大众点评平台基于点评协作涌现价值过程。T_2 阶段是指系统级别新活动的价值涌现，是指平台服务生态系统依托于基础型活动（即 T_1 阶段）产生的大数据，不断开发的新活动。其目的是促进系统内资源的再整合，这是平台服务生态系统的学习能力的体现。在本案例中，以"2018年'必吃榜'活动"为价值涌现 T_2 阶段的系统新活动，具体如图 6-1 所示。需要指出的是，本书作出价值涌现 T_1 阶段和 T_2 阶段的划分是为了区分基础型活动和系统级别新活动的相对性，不是时间意义上的绝对性区分。这是因为：第一，时间本身是一个相对性概念；第二，任何时候平台生态系统的基础型活动（T_1）都是其维持生存的根本所在，同时，系统级别新活动（T_2）的开发是一个持续性过程，这是数字化平台服务生态系统的适应不断变化外部环境的需要，是其进化能力的体现。

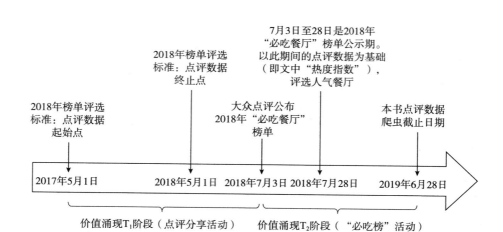

图 6-1 商家案例数据时间轴

资料来源：笔者整理。

价值涌现阶段在本书研究样本中的具体体现有：在商家数据方面（见图5-4），2018 年"必吃餐厅"榜单评选是基于 2017 年 5 月 1 日至 2018 年 5 月 1 日的大数据，大众点评平台于 2018 年 7 月 3 日开始公示榜单。因此，本书将 2018 年 5 月 1 日至 7 月 2 日的商家点评数据视为价值涌现 T_1 阶段分析的数据基础；将 2018 年 7 月 3 日至 2019 年 6 月 30 日的点评数据视为价值涌现 T_2 阶段分析的数据基础。在其他资料分析方面，有两个维度的综合判断：维度一，时间维度。大众点评网站首个"必吃榜"是于 2017 年 2 月发布的，因此，2017 年 2 月以前的新闻媒体报道、平台官方材料等，可视为价值涌现 T_1 阶段；维度二，以"必吃榜"活动为主题的材料。材料以"必吃榜"活动为主题，则视为价值涌现 T_2 阶段的材料。其他材料综合这两个维度，研究人员结合具体材料内容进行划分。

二、数据搜集

（一）商家案例数据搜集：平台企业行动者网络

由本书第五章第五节行动者网络理论分析可得，平台企业行动者网络聚焦于对等参与子系统，因此，本书需要搜集商家的点评数据以展开对等参与子系统的分析。本书点评数据来源于大众点评的"2018 年必吃餐厅"榜单，时间跨度为 2017 年 5 月至 2019 年 6 月，时间跨度为两年。本书选择了北京（共入围 90 家）和上海（共入围 85 家）这两座城市"2018 必吃榜"榜单。该榜单的评选规则是基于 2017 年 5 月 1 日至 2018 年 5 月 1 日点评的大数据。大众点评平台通过数据建模筛选出每座城市的入围餐厅，因此，该榜单不是人为指定的，而是由大众点评生态系统内所有用户群体协作产生的。在榜单公布后，大众点评平台会基于公示期间（2018 年 7 月 3 日至 28 日）的大数据模型给每家入围餐厅评估"热度指数"，以显示必吃榜单餐厅的人气指数。

本书依据热度指数排名，运用 Python 爬虫技术爬取数据，同时，通过热度指数排序依次选择样本商家，如表 6-1 所示。为了使样本数据多元化，本书尽量避免重复选择同一菜系的商家。在数据饱和方面，本书在分析过程中，发现在第 6 个商家后，已无新的证据发现，本研究初步认为达到了理论饱和，因此停止了对商家点评数据部分的分析。最终选择上海 3 个商家案例和北京 3 个商家案例，具体有重庆高老九火锅—大世界店（SH01）、人和官—肇嘉浜路店（SH02）、蟹榭—静安寺晶品商场店（SH03）、郁陵岛炭火烤肉—牛王庙店（BJ03）、Q Mex Bar & Grill 库迈墨西哥餐吧—三里屯店（BJ06）、金鼎轩·南北菜—方庄店（BJ08）。具体数据请见表 6-3。在后续的研究中，本书基于此原则将再次搜集商家数据，以进一步检验本研究的信度和效度，具体分析请见本章第二节。

表 6-1　2018 年必吃餐厅商家案例

序号	上海商家案例				北京商家案例			
	商家名称	热度指数	菜系	商家编码	商家名称	热度指数	菜系	商家编码
1	重庆高老九火锅—大世界店	35008	火锅	SH01	满恒记清真涮羊肉	22337	火锅	BJ01
2	人和馆—肇嘉浜路店	28456	本帮江浙菜	SH02	聚宝源—牛街南口店	22055	火锅	BJ02
3	蟹榭—静安寺晶品商场店	20578	江河湖海鲜	SH03	郁陵岛炭火烤肉—牛王庙店	19479	烧烤	BJ03
4	蟹尊苑—巨鹿店	17550	江河湖海鲜	SH04	叫座儿鲜煲火锅—亚运村店	15586	火锅	BJ04
5	乐忻皇朝—上海中心大厦店	13091	本帮江浙菜	SH05	成都葫芦娃一家人火锅—三里屯店	15120	火锅	BJ05
6	圈子老菜海鲜蒸坊—五角场店	12740	江河湖海鲜	SH06	Q Mex Bar & Grill 库迈墨西哥餐吧—三里屯店	14383	西餐	BJ06
7	农家菜老大—松江店	12669	农家菜	SH07	满福楼	14358	火锅	BJ07
8	捞王·赤鼎台式麻辣火锅	12221	火锅	SH08	金鼎轩·南北菜—方庄店	13111	粤菜	BJ08

资料来源：笔者整理。

（二）多种材料来源数据搜集：平台服务生态系统行动者网络

依据前文行动者的类别分析，本书运用 ANT 网络志方法（Lugosi and Quinton，2018），采用多种来源搜集的材料（卡麦兹，2009；陈向明，2000），包括商家的点评数据、大众点评平台官方网站公布资料、美团点评官方产品介绍文件、美团点评旗下新闻中心宣传报道、美团点评旗下美团研究院发布行业报告、社会新闻媒体报道等，以支持构成研究中的三角验证，保证研究的信度与效度（卡麦兹，2009）。此外，多种数据来源能够体现对等参与子系统（部分—部分相互作用）、向上因果力子系统（部分—整体相互作用）以及向下因果力子系统（整体—部分相互作用），进而实现了本书跨微观、中观和宏观层次的价值涌现分析，有助于揭示数字化平台服务生态系统价值创造过程中的复杂性和涌现性。

如表6-2所示，本书的材料来源于大众点评官方公布资料（7个）、美团官网（5个）、美团研究院发布的行业报告（3个）、社会新闻媒体报道（15个）、图片材料（8个）以及商家案例点评数据（6个），共计44个案例，材料来源较为丰富。

表6-2　本书材料数量汇总

材料类型	具体分类	数量	材料来源编码
大众点评平台官方公布资料	大众平台企业官方公布点评用户诚信公约	1	OI01
	大众平台企业官方论坛公布的基础点评活动相关的资料	1	OI02
	大众平台官方论坛公布"必吃榜"评选规则以及相关参与指南	3	OI03、OI04、OI05
	大众平台官方业务介绍等相关文件	2	OI06、OI07
美团官网	美团官网对旗下大众点评平台的产品介绍文件	1	OI08
	美团官网公布的财务报告	2	OI09、OI10
	美团官网新闻中心发布的新闻稿件	2	OM01、OM02
美团研究院行业报告	美团点评平台企业旗下美团研究院发布的相关行业报告	3	IR01、IR02、IR03
社会新闻媒体报道	人民网、新浪财经、环球网等新闻媒体相关报道	14	N01-N14
	微信平台自媒体相关报道	1	N15
图片材料	大众平台"必吃榜"活动相关图片信息	8	P01-P08
商家案例点评数据	基础活动阶段：2017年5月1日至2018年7月2日	6	OR-SH01、OR-SH02、OR-SH03、OR-BJ03、OR-BJ06、OR-BJ08
	"必吃榜"活动阶段：2018年7月3日至2019年6月30日		
总案例数量	44		

注：图片材料以在实际扎根分析过程中的计数单位为像素。为了方便统计分析，表中"图片材料"的数量是指用于分析的图片个数。商家案例点评数据是指表6-3的平台企业行动者网络所搜集的案例数据。

三、数据清洗

本书依据研究目的，对获得 6 个商家案例点评数据进行清洗，最终结果如表 6-3 所示。本书对其他材料数据价值涌现阶段划分如表 6-4 所示。如前文所述，本书作出价值涌现 T_1 阶段和 T_2 阶段划分是为了区分基础型活动和系统级别新活动的相对性的划分，不是时间意义上的绝对性区分。这是因为：第一，时间本身是一个相对性概念；第二，任何时候平台生态系统的基础型活动（T_1）都是其维持生存的根本所在，同时，系统级别新活动（T_2）的开发是一个持续性过程，这是平台生态系统适应不断变化的外部环境的需要，是其进化能力的体现。在其他资料清洗和分析方面，有两个维度的综合判断。维度一，时间维度。大众点评网站首个"必吃榜"是于 2017 年 2 月发布的，因此，2017 年 2 月以前的新闻媒体报道、平台官方材料等，可视为价值涌现 T_1 阶段。维度二，以"必吃榜"活动为主题的材料。材料以"必吃榜"活动为主题，则视为价值涌现 T_2 阶段的材料。

表 6-3　商家案例点评数据清洗结果及其价值涌现阶段划分

商家编码	商家品牌	评论总数	清洗数量	价值涌现阶段	
				T_1	T_2
SH01	重庆高老九火锅—大世界店	5106	194	156	38
SH02	人和馆—肇嘉浜路店	5345	600	139	461
SH03	蟹榭—静安寺晶品商场店	5040	163	94	69
BJ03	郁陵岛炭火烤肉—牛王庙店	1896	28	25	3
BJ06	Q Mex Bar & Grill 库迈墨西哥餐吧—三里屯店	5151	108	102	6
BJ08	金鼎轩·南北菜—方庄店	2565	23	23	0
总数		25103	1116	539	577

资料来源：笔者整理。

表6-4 其他材料的价值涌现阶段划分结果

材料类型	价值涌现阶段	
	T_1	T_2
平台官方公布资料	5	5
美团点评官方新闻中心发布的报道	—	2
美团研究院行业报告	1	2
新闻媒体报道	8	7
图片材料	—	8

资料来源：笔者整理。

第二节 多元扎根理论研究的效度分析

质性研究学者普遍认为质性研究中的所述的信度和效度的定义和检验方法和定量研究是不同的（Glaser and Strauss，1967；Corbin and Strauss，1998；Clarke，2005；Charmaz，2014）。在质性研究中，学者使用信度和效度来表述研究结果和研究的其他部分（包括研究者、研究问题、研究目的、研究方法等）之间的一种"一致性"。换言之，在质性研究中的"信度和效度"是评价研究结果与实际研究的相符程度（陈向明，2000）。在此基础上，为了保证编码的系统性和科学性，本书结合扎根理论学者 Flick（2018）提出的三角互证观点，从 Goldkuhl 和 Cronholm（2010）提出的多元扎根理论的理论效度、经验效度和内部效度这三个方面来评价本书研究质量，保证分析过程的严谨性和数据分析结果的信度和效度。需要指出的是，Flick（2018）认为，在研究过程中综合运用两种及以上的方法、多名研究者协作、不同数据来源等都可以理解为三角互证。

一、经验效度分析

Goldkuhl 和 Cronholm（2010）的经验效度是指，从经验数据角度来看，扎根分析获得的理论与经验数据体现的真实世界能够保持着一致性。实质上，经验效度体现了在理论抽样过程中研究人员是否达到了理论饱和。为了确定数据的饱和度，本书采取了两个步骤进一步确保本书数据分析过程中的经验效度。

第一，如表 6-1 所示，为了使样本数据多元化，本书尽量避免重复选择"2018 年必吃榜"同一菜系的商家，依次分析了上海 3 个商家案例和北京 3 个商家案例。据此，针对经验效度分析，本书在依次对表 6-2 的 44 份材料数据分析、编码和提炼后，在主轴编码阶段共获得 24 个范畴，分别是平台企业行动者网络的 7 个范畴和平台服务生态系统行动者网络的 17 个范畴。接着，本书基于初始原则，继续选取：①"2018 年必吃榜"上海的农家菜老大—松江店（SH07）和北京的大田家烤肉—复兴路店（BJ12）、胡大饭馆—簋街总店（BJ15）这 3 家实体店铺内 30 条与主题相关的评论文本进行理论饱和度检验，没有发现新的概念和范畴。②本书在"2020 年必吃榜"随机选择了上海的酒吞—七宝万科广场店、晶炎上海菜—南丹路店以及北京的提督—TIDU 这 3 家实体店铺内 25 条与主题相关的评论文本进行理论饱和度检验，没有发现新的概念和范畴。③本书搜集了 2020 年美团点评旗下新闻中心对"必系列"活动的宣传报道以及社会新闻媒体报道共 4 篇，进行理论饱和度检验，没有发现新的概念和范畴。基于以上 3 个数据分析结果，本书认为此次扎根理论研究可视为理论饱和。

第二，本书参考了 Lugosi 和 Quinton（2018）的 ANT 网络志方法（具体请见本书第五章），采取了多种材料来源数据分析，包括商家的点评数据、大众点评平台官方网站公布文件、美团点评官方产品介绍文件、美团点评旗下新闻中心宣传报道、美团点评旗下美团研究院发布行业报告、社会新闻媒体报道等，构成在研究过程中数据上的三角互证（弗里克，2021；卡麦兹，2009），以此保证研究的信度与效度。

二、理论效度分析

Goldkuhl 和 Cronholm（2010）的理论效度是指扎根分析获得的理论与其他理论视角反映的抽象现象能够保持一致性。Goldkuhl 和 Cronholm（2010）强调在扎根理论研究过程中，研究人员是在现有知识（即引入其他学科领域元理论）的基础上建立新知识（即获得一种进化的理论）。换句话说，现有的理论是能够囊括扎根研究过程中部分现象的。扎根获得的新理论是能够推进现有理论（或批判现有理论），进而发掘新范畴和新关系，实现对研究现象的解读更为精确和全面。为确保本书数据分析过程中的理论效度，本书参考了 Lugosi 和 Quinton（2018）的 ANT 网络志方法（具体请见本书第五章）和 Flick（2018）的三角互证①方法，分别构建了平台企业行动者网络和平台服务生态系统行动者网络这两个层次行动者网络，并进行了行动者网络理论分析（具体请见第五章第五节）；接着，如本章第三节所示，在整个开放编码过程中，结合行动者网络理论视角对数据进行分析。这使本书研究在扎根数据分析过程中，能够结合行动者网络理论视角不断地内部核查，以此启发研究人员针对人类主体和非人类主体之间相互作用，不断地自我提问和进一步思考，以此推进本书价值涌现理论的发展。

三、内部效度分析

Goldkuhl 和 Cronholm（2010）的内部效度是指不同的研究人员在阐释世界时能够保持一致性。这与 Flick（2018）的研究者三角互证观点是相同的。为

① 理论三角互证是指在扎根理论过程中，将扎根理论方法与其他理论或方法相结合（或并置）（Flick，2018）。

了保证研究的内部效度，本书参考了罗顺均等（2015）的多级编码策略。具体步骤是：①结合图6-2和图6-3，对所有材料进行开放编码，共得到一级编码311条。②研究团队内部讨论和分析编码结果，如果结果一致就接受，不一致就再讨论或删除编码。据此，本书研究团队按照相近原则多次检验和修改，共形成二级编码138条。其中，价值涌现T_2阶段独有的代码有28条。③研究团队对138条代码进一步提炼，共形成了三级编码54条。接着，研究团队将此54条三级编码进一步归纳为24个范畴。④本书结合Nvivo12软件的Cohen's Kappa系数和一致性比率这两个功能判断不同研究人员生成的24个范畴之间的一致性。从表6-5的结果来看，本书开放编码形成的24个范畴的Kappa系数均大于0.5；总体编码Kappa系数为0.8657，一致性比率为98.25%。这表明本书编码的一致性较高。

表6-5　Cohen's Kappa系数和一致性比率分析结果

序号	构念	Kappa系数（加权）	编码一致百分比（%）（加权）
1	信息分享	0.7401	87.25
2	自我体验分享	0.8488	96.18
3	学习—决策行为	0.7213	89.88
4	学习—适应行为	0.8916	98.50
5	享乐价值	0.9147	99.55
6	功能价值	0.8928	98.13
7	信息资源生成	0.8367	95.51
8	资源多样性	0.8782	98.75
9	资源密度	0.8894	99.69
10	资源跨层次作用	0.9626	99.07
11	资源时效性	0.9099	99.52
12	平台企业技术能力	0.7030	99.03
13	平台企业营销能力	0.8956	98.15
14	平台企业开发新活动的能力	0.9992	100.00

续表

序号	构念	Kappa 系数（加权）	编码一致百分比（%）（加权）
15	活动结构适应性	0.7937	97.22
16	对等协作的声誉机制	0.8606	99.81
17	已有价值主张	0.8364	97.33
18	参与活动规范	0.9912	99.69
19	分歧状态	0.8374	99.42
20	紧张状态	0.7979	99.51
21	协调资源有效性	0.8188	97.86
22	协调资源效率	0.8240	98.44
23	新制度涌现	0.9927	99.96
24	系统生成性能力	0.7680	97.57
	总体	0.8657	98.25

资料来源：笔者整理。

第三节　开放编码

　　开放编码是扎根理论分析过程中的首要环节，是指在没有给定的编码表的情境下，研究者通过对原始材料的分析，提炼形成相应的代码。在开放编码的过程中，要求研究者时刻保持着开放性，接受能够从数据中识别任何理论的可能性（卡麦兹，2009）。在扎根理论分析过程中，研究者们理解和阐释质性材料的基本单元是概念。从代码到概念的提炼过程就是从现象到理论抽象的过程，反映了研究者对数据对象本质属性认识的基本思维形式（靳代平等，2016）。

一、平台企业行动者网络的开放编码

（一）构建平台企业行动者网络

本书结合第五章第五节的平台企业行动者网络理论分析，构建了平台企业行动者网络，这体现了平台服务生态系统的对等参与子系统。具体如图 6-2 所示。

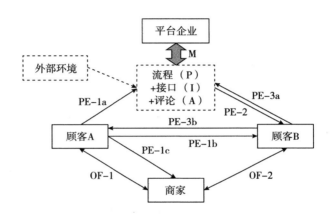

图 6-2　平台企业行动者网络

注：①双向粗箭头 M 表示平台企业的推动作用，即大众点评平台企业不直接参与对等互动。②OF 是指线下服务体验过程，双向实线箭头表示线下顾客和商家之间的互动。③PE 是指对等参与过程中个体行动者之间的对等互动。单向箭头表示对等互动，其中，起点代表服务提供者，末端箭头代表服务体验者。④虚线箭头是指点评用户在对等互动过程中整合了外部环境资源，以信息资源形式生成了点评数据。⑤实体方框表示人类行动者，虚线方框表示非人类行动者。⑥顾客 A 为点评用户，顾客 B 指除了顾客 A 以外的其他个人用户。

（1）PE-1 是指在顾客 A 用餐以后，基于自身的目标导向，在平台上通过发表评论文字、图片、评分等方式的分享行为。该对等参与行为可划分为 PE-1a、PE-1b 和 PE-1c 三个方面。①PE-1a 是顾客 A 通过与流程（P）类非人类行动者（如分享功能、打分功能等）的对等互动，来分享此次服务体验。此时顾客 A 是服务体验者，由评论（A）、点评 App 接口（I）以及点评流程（P）所构成的 API 组合①是服务提供者。因此，PE-1a 是人类行动者与非人类行动者之间对等互动。下文 PE-3a 同理。据此，本书提炼了用户的学习——适应性行为范畴。②PE-1b 是指顾客 A 此次的点评行为（即 PE-1a），能够为浏览者顾客 B（即除了顾客 A 以外的其他顾客）分享了顾客 A 的 OF-1 线下真实体验过程。此时，顾客 A 是服务提供者，顾客 B 是服务体验者，即 PE-1b 是人类行动者与人类行动者之间的对等互动。③PE-1c 是指顾客 A 通过点评行为将此次服务体验的感受反馈给了商家。需要注意的是，虽然 PE-1b 和 PE-1c 的分享行为都是通过平台的分享功能和对话功能来实现的，但是这两类对等互动的对象分别是：顾客 A 与顾客 B、顾客 A 与商家。因此，在这两类对等互动中，流程（P）是属于功能（即一个工具），是不能作为一个非人类行动者来看的。由此，本书依据 PE-1b 和 PE-1c 提炼了信息分享和自我体验分享这两个范畴。这两个范畴都代表了人类行动者——人类行动者的对等互动。具体如表 6-6 所示。

（2）PE-2 是指顾客 B 使用点评 App（即接口 I）搜索商家相关的信息，通过以往评论（API 组合）学习了商家服务、地理位置、优惠活动等相关信息，进行线下消费决策的行为（OF-2）。此时顾客 B 是服务体验者，以往评论 API 组合是服务提供者，这是人类行动者与非人类行动者之间的对等互动。据此，本书提炼了学习——消费决策行为这一范畴。

（3）PE-3 是指在顾客 B 用餐以后（即图 6-2 的 OF-2），向大众点评平台服务生态系统的反馈行为。①PE-3a 是指顾客 B 在用餐体验以后，在平台上发表点评，以反馈相关信息（即顾客 A 在 PE-1a 中所分享的点评信息），如顾客 B 觉得好吃或不好吃。这属于本书提炼的用户学习——适应行为范畴。

① 此时，API 组合是非人类行动者，具体分析请见第四章第一节。

②PE-3b 是指顾客 B 在用餐体验后对顾客 A 以往的评论信息点赞和回应，以实现与顾客 A 的反馈和沟通。这属于本书归纳的自我体验分享范畴。顾客 A 和顾客 B 作为人类行动者，通过参与对等互动，能够共创获得享乐价值、功能价值；与此同时，对于整个平台服务生态系统来说，每一次对等互动（即 PE-1 和 PE-3）的副产品（如文本、图片等信息）都是顾客 A 或顾客 B 将外部环境资源（即个人情感、体验等）输入到平台服务生态系统内（具体请见表 6-6 和表 6-7），由此生成了系统内的信息资源。由此，本书提炼了享乐价值、功能价值和信息资源生成三个范畴。

（二）开放编码结果

据此，本书按照图 6-2 的平台企业行动者网络框架，聚焦于个体行动者（包含了人类行动者和非人类行动者）之间的相互作用，将原始材料进行标签化，形成了 156 个一级代码。在此基础上多次讨论后，研究团队合并为 53 个代码，并在此基础上，进一步提炼了 20 个概念，最终获得 7 个范畴，具体如表 6-6、表 6-7 所示。

表 6-6　平台企业行动者网络的开放编码结果

编号	范畴	包含的概念	理论依据及其说明	价值涌现		行动者网络分析
				T_1	T_2	
1	信息分享行为	是指顾客通过参与点评，分享了与商家相关的信息。这是人类行动者—人类行动者的互动。例如，服务人员、店铺装修、商品价格等信息	Kietzmann 等（2011）指出，平台具有分享的功能，个人用户可基于自身目标，分享自己的体验和观察。Lusch 和 Nambisan（2015）指出，互联网技术具有资源液化的能力，即互联网技术可以将信息从任何物理形式中分离出来的能力。这使数字资源具有"创造力"（Tilson et al., 2010）	√	√	PE-1b, PE-1c

续表

编号	范畴	包含的概念	理论依据及其说明	价值涌现		行动者网络分析
				T_1	T_2	
2	自我体验分享行为	是指顾客从自我展示、情感、群体展示、人生经历等方面分享此次商家或平台企业相关的活动和服务的体验。这是顾客对此次体验主观性的表达，是人类行动者—人类行动者互动。例如，顾客点评分享结婚纪念日聚餐、生日聚餐等经历	Kietzmann 等（2011）指出，平台具有分享和对话的功能，个人用户可基于自身目标，分享自己的体验（Hollebeek et al.，2019；Lin、Miao、Wei et al.，2019），其他用户可通过对话功能对用户的分享行为做出回应	√	√	PE-1b，PE-1c，PE-3b
3	学习—决策行为	是指顾客通过阅读平台以往的点评信息（API），获取品牌知识，作出消费决策。这是人类行动者—非人类行动者互动。例如，顾客在"必吃榜"上查看了商家介绍，决定进店消费或不消费	Beirão 等（2017）指出，对等行动者可以通过参与对等互动来使用操作性资源，并结合自身技能、知识等，调整自身行为。Hollebeek 等（2019）指出，用户可以通过学习行为，获取新的品牌知识和洞察力，并根据所获得的新品牌知识，作出相应的决策	√	√	PE-2→OF-2
4	学习—适应行为	是指顾客在被以往点评信息（API）吸引消费后，通过自身点评来反馈对以往点评信息（API）的认知（如赞同或不赞同）。这是人类行动者—非人类行动者互动，体现了顾客在线下消费后线上反馈习惯，如本书案例中点评达人的探店打卡行为	Hollebeek 等（2019）指出，顾客学习行为是一个迭代的过程，涉及顾客处理品牌相关信息的心理规则和指导方针等。顾客通过对等互动能够处理与品牌相关的信息，获取新的品牌知识和洞察力，并由此对自身行为作出修改（Swaminathan et al.，2020；Lin et al.，2019）。例如，认可品牌方线上分享的信息的真实性	√	√	PE-1a，PE-3a
5	享乐价值	是指用户通过在平台发布点评信息，分享自己的网红拔草体验，进而获得如本书案例中的"打卡族""吃货"等自我认可和自我娱乐	Hollebeek 等（2019）指出，顾客可以通过分享协作，使自身对品牌相关的操作性资源（知识、技能等）发生变化，进而创造价值。Benoit 等（2017）指出，享乐、社会、经济、规避风险等是对等行动者参与互动的动机	√	√	PE-1、PE-2、PE-3
6	功能价值	是指用户使用平台获得的具有实用性、能满足用户的生理和安全需要的价值。具体包括了使用平台的价值、经济价值以及社交价值				

续表

编号	范畴	包含的概念	理论依据及其说明	价值涌现		行动者网络分析
				T_1	T_2	
7	信息资源的生成	是指商家的品牌信息和顾客的行为、偏好等信息都作为点评数据（API），将大规模累积在平台上。这是个体行动者通过对等互动，向平台生态系统不断注入的基础操作性资源（BORs）	Singaraju 等（2016）指出，平台通过提供模块化资源功能，将平台用户协作产生的信息，转化为平台用户可以使用的资源。Swaminathan 等（2020）指出，互联网平台具有超级连接属性，企业不再是品牌信息的主要来源，取而代之，平台生态系统内的对等协作能够快速生成大规模品牌、用户等信息资源（Lin et al.，2019）	√	√	PE-1，PE-3

表 6-7　平台企业行动者网络的开放编码示例（按原始资料排序）

部分原始资料（代码编号与材料来源：点评—商家—用户 ID）	初级代码	代码	概念
服务员态度非常非常好！还给了围裙袋子，以免吃到衣服上或者火锅料粘到手机上，这些服务很贴心！（a1）（OR-SH01-ID10）	a1 服务主动、热情	aa1 服务人员的信息	C1 商家核心服务的信息的分享
吐槽一下服务员：态度很差，取号机打开后就不管不问，很多人都不知道怎么取号，希望店家不要因为生意好就忽略了本该提供的服务！（a2）（OR-SH02-ID11）	a2 服务态度差		
……	……	……	……
酱爆猪肝 46 元，话梅虾 63 元 8 个，鲥鱼 380 多元（a16）（OR-SH02-ID55）	a16 菜品价格信息	aa4 价格信息	C1 商家核心服务的信息的分享
……	……	……	……
SH01-ID101 用户点评：差评，等了好长时间，后又核查过编号，问了多次还有多少个号，结果莫名出来许多前面未统计的号，服务员 1062 服务态度极差（a38）（OR-SH01-ID101）。 商家回复：感谢您指出我们的不足，由于我们工作的疏忽导致您用餐不满意，在此代表我们高老九大世界店向您致以歉意，后续我们一定会加强管理	a38 用餐过程中的负面体验反馈给商家	aa11 向商家分享自身负面体验	C5 向商家反馈体验

续表

部分原始资料（代码编号与材料来源：点评—商家—用户ID）	初级代码	代码	概念
……	……	……	……
大众点评中搜到的拔草点，环境好、服务好、菜品口味很好。似乎吃到了小时候的味道。下次还会再去（a47）（OR-SH02-ID169）	a47 刷大众点评新的拔草点后，决定消费	aa21 主动搜索点评内人气榜单，并被吸引来线下消费	C12 主动线上搜索和学习，为线下消费提供决策依据
……	……	……	……
材料 OR-SH02-ID55 点评时间：2018年1月7日（T_1） SH02-ID55 用户点评：在大众点评上找到这家五星的饭店，订位要提前1个多月才能订到，我们都很好奇，为什么这么火！期待越高，失望就越大。性价比不高，菜量很小（a62）（OR-SH02-ID55）	a62 被高分好评吸引来消费后，对高分好评提出质疑	aa24 修正对以往高分点评（API）的认知_T_1	C7 学习和适应行为_T_1
材料 OR-SH03-ID36 点评时间：2018年9月24日（T_2） SH03-ID36 用户点评：好像对必吃榜没有什么抵抗力，看到这三个字就一定要去试一下……一家专业做蟹的店主食蟹粉面竟然做成这样，实在是不应该……总体最多就是三星了……能够记忆犹新的口味的菜真的是不多，这家必吃榜拔草的结果有点让我失望的（a65）（OR-SH03-ID36）	a65 被必吃榜单吸引来消费后，对商家上榜单提出质疑_T_2	aa26 修正对必吃榜单的认知_T_2	C8 学习和适应行为_T_2
……	……	……	……
BJ06-ID46 用户点评：我能说我已经连续吃了三顿霸王餐吗？三里屯 soho 旁边的机电院隐藏了很多美食餐吧（a87）（OR-BJ06-ID46）	a87 平台为用户提供了霸王餐折扣	aa38 平台提供优惠	C14 经济价值
……	……	……	……
总计	156	53	20

注：OR（Online Reviews）是指材料来源是用户点评数据。T_1是指该点评内容体现了以点评分享活动为焦点活动的价值涌现阶段；T_2是指以"必吃餐厅"榜单活动为焦点活动的价值涌现阶段。在开放编码过程中，研究人员需要结合点评内容和点评时间综合来编码。表中 aa24 和 aa26 代码对价值涌现的T_1和T_2这两个阶段展开区分。价值涌现的T_1和T_2并不是做时间上绝对意义上的区分。值得关注的是，对等参与子系统是用户通过对等互动为平台服务生态系统输入基础资源（BORs 或 CORs）。这是平台服务生态系统得以生存的基础，无论是价值涌现的T_1阶段还是T_2阶段，对等参与子系统的资源（BORs 或 CORs）输入都至关重要。

二、平台服务生态系统行动者网络的开放编码

（一）构建平台服务生态系统行动者网络

本书结合第五章第五节的平台服务生态系统的行动者网络理论分析，构建了平台服务生态系统的行动者网络，具体如图 6-3 所示。

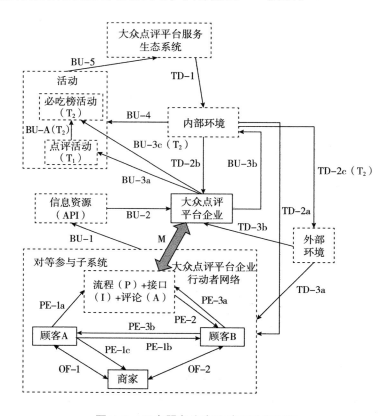

图 6-3　平台服务生态系统行动者网络

注：①BU 表示向上因果力子系统的行动者之间互动；TD 表示向下因果力子系统的行动者之间互动。②虚线框表示非人类行动者，实线框表示人类行动者。③如第五章第五节行动者网络理论分析所示，依据行动者网络理论的封装组件特征，对等参与子系统（即平台企业行动者网络）是平台服务生态系统行动者网络里的一个非人类行动者。④双向粗箭头 M 表示平台企业的推动作用，即平台企业不直接参与对等互动。

如图 6-3 所示，平台企业行动者网络体现了价值涌现的对等参与子系统，是部分—部分相互作用；BU-1、BU-2、BU-3、BU-4、BU-5 以及 BU-A 体现了价值涌现的向上因果力子系统，是部分—整体相互作用；TD-1、TD-2、TD-3 体现了价值涌现的向下因果力子系统，是整体—部分的相互作用。具体分析如下：

（1）BU-1 是指非人类行动者—非人类行动者的互动，是指对等参与子系统与平台服务生态系统内已有的信息资源（API）之间的互动。该互动体现了对等参与子系统内个体行动者（即顾客 A 或顾客 B）通过对等互动不断地生成新的信息资源（API），进而实现了将外部环境资源输入平台服务生态系统内。依据行动者网络理论的封装组件特征（Callon，1990）：在行动者网络构建的过程中，根据观察角度的不同，可以将一整个行动者网络 A 封装，视为另一个行动者网络 B 的节点。因此，本书将对等参与子系统封装为平台服务生态系统行动者网络的一个节点，代表了一个非人类行动者。该节点体现了价值涌现过程中的部分—部分相互作用。

（2）BU-2 是指对等参与子系统作为一个共同生产了海量的信息资源（API）的非人类行动者，与平台服务生态系统的"代言人"（即平台企业）发生互动，进而成为平台服务生态系统输入基础资源（BORs 或 CORs）。这是平台服务生态系统得以生存的基础。

（3）BU-3 是指平台企业作为一个人类行动者，与行动网络内其他行动者之间的相互作用。①BU-3a 是指平台企业作为对等参与的推动者，基于海量的信息资源（API），通过技术能力和营销能力为对等行动者提供强大的对等行动者网络，促进基础型活动（即点评协作）的成功（Benoit et al.，2017）。此时，BU-3a 相互作用体现了价值涌现 T_1 阶段过程中平台服务生态系统的焦点活动是基础型活动（即本案例的点评分享）。②BU-3b 是指平台企业与内部环境之间的相互作用，是人类行动者与非人类行动者之间的相互作用。这是指平台企业发布了参与活动的相关"游戏规则"，作为显性的制度加入内部环境，能够约束个体行动者的行为。③BU-3c 是指基于行动者网络理论（Latour，2005），平台企业作为非人类行动者平台服务生态系统的"代言人"，通过不断地开发系统级别新活动（T_2），以传达焦点主体平台服务生态系统的意愿，进而促进整个系统内资源的重新组合。此时，BU-3c 相互作用体现了价值涌现 T_2 阶段过程中平台服务生态系统的焦点活动是系统级别新活动（即本案例的"必吃榜"活动）。具体分析请见本章第一节。④BU-A 相互作用是指在价值涌现 T_2 阶段，基础型活动与系统级别新活动之间的相互作用。据此，本书提炼了活动结构适应性范畴，该范畴是价值涌现 T_2 阶段独有的范畴。

（4）BU-4 是指内部环境作为一个非人类行动者，与焦点活动之间的相互作用。这是非人类行动者与非人类行动者之间的资源流动，即以焦点活动为核心整合内部环境资源（如参与活动的规章制度资源、系统内共享的声誉资源等）。

（5）BU-5 是指活动与平台服务生态系统之间的相互作用，此时是非人类行动者与非人类行动者之间的相互作用。本质上，这是指平台服务生态系统作为一个系统级别行动者，以焦点活动为核心、跨层次调动资源的异质性资源整合过程，进而实现价值涌现的过程。

（6）TD-1 是指平台服务生态系统作为一个"整体"，通过异质性资源整合实现了涌现价值，具有向下因果力。

（7）TD-2 体现了平台服务生态系统生成的涌现价值是不能直接影响对等行动者和平台企业的行为，只能通过内部环境（即行动者自生成制度组合）对行动者产生影响（Vargo and Lusch，2016，2017；Lawson，2013）。①TD-2a 是涌现价值对个体对等行动者的促进或约束作用；②TD-2b 是涌现价值对平台企业的促进或约束作用；③TD-2c 是平台服务生态系统作为一个"整体"，向其他生态系统输入资源。

（8）TD-3 是外部环境对平台服务生态系统的反馈。①TD-3a 是外部环境借由对等行动者（即顾客或商家）参与对等互动的过程，进而对平台生态系统的反馈。②TD-3b 是外部环境通过平台企业的绩效等，实现对平台生态系统的反馈。

（二）开放编码结果

本书依据图 6-3 的平台服务生态系统的行动者网络分析，对平台服务生态系统的向上因果力子系统和向下因果力子系统展开了开放式编码分析，初步获得 155 条一级编码。接着，研究团队通过多次讨论合并获得 85 个代码，提炼获得 34 个概念。据此，本书获得了 17 个范畴，具体如表 6-8、表 6-9 所示。

表 6-8　平台服务生态系统行动者网络的开放编码结果

编号	范畴	包含的概念	理论依据及其说明	价值涌现		行动者网络分析
				T_1	T_2	
1	焦点活动资源多样性	是指不同类型的资源在涌现价值生成过程中所贡献的独特优势。这是因为每一次互动过程中所投入的资源对系统来说都是非常重要的。平台服务生态系统的涌现价值是需要整合商家、用户、技术等多方面操作性资源的涌现结果	本书提炼	√	√	BU-1→BU-2、BU-2→BU-3a、BU-4、BU-2→BU-3c（T_2）、BU-A（T_2）相结合
2	焦点活动资源密度	是指同类型资源的相互作用在涌现价值生成过程中所展现出的独特贡献	Lusch 和 Nambisan（2015）指出，同类型资源达到一定的密度时，会增加资源整合的效率	√	√	BU-1→BU-2、BU-2→BU-3a、BU-4、BU-2→BU-3c（T_2）、BU-A（T_2）单独分析

续表

编号	范畴	包含的概念	理论依据及其说明	价值涌现		行动者网络分析
				T₁	T₂	
3	资源跨层次相互作用	是指平台服务生态系统作为涌现的新"整体"，围绕焦点活动，能够调动整个生态系统内不同层次的资源	Meynhardt 等（2016）基于协同学理论视角，认为价值是服务生态系统中跨微观、中观和宏观的资源相互作用产生的序参数，是一个系统属性。Peters（2016）的异质性资源整合理论认为服务生态系统的资源整合是跨层次相互作用的结果	√	√	自下而上：BU-1→BU-2→BU-3a/BU-3c(T₂)→BU-A（T₂）→BU-5 自上而下：TD-1→TD-2
4	资源的时效性	是指平台生态系统的时空契合特性导致了行动者组合的迭代组合作用，以往的行动者组合（APPI）会成为一个信息资源，被对等行动者所识别，进而驱动行动者的再次资源整合	互联网技术突破了物理时空和经济时空的边界，不断地向外拓展创造出巨大的经济价值（冯华、陈亚琦，2016）。这种时空契合弱化特性意味着平台生态系统能够跨时空边界大规模连接行动者的需求和资源（Eckhardt et al.，2019），进而创造更多价值	√	√	BU-1→BU-2→BU-3、BU-1→BU-2→BU-4
5	平台企业的技术能力	是指平台企业能够执行一系列技术任务的能力，帮助用户解决自身项目所面临的技术障碍，为对等互动提供了技术支撑。例如，点评平台提供了照片、文本、小视频等技术，方便点评用户提供商家全方位且真实的信息；大众点评提供了在线用户数据管理服务，方便商家数字化管理用户身份特征、回头率、服务评价等信息	平台企业为商家和用户的对等互动提供了技术支持（Helfat and Winter，2011），可帮助客户应对与项目相关的自身障碍（Randhawa et al.，2018），以促进对等参与的成功（Amit and Schoemaker，1993），是平台企业的核心业务之一。此时，平台的易用性和可定制性帮助商家或顾客更好地实现资源整合（Randhawa et al.，2018）	√	√	BU-2→M
6	平台企业的营销能力	是指平台企业通过执行一系列营销任务，促进商家触达用户的能力，为商家吸引目标客户或开发新市场。例如，点评平台为商家提供全面营销方案以增加品牌曝光率；与商家合作的大众点评会员积分项目，引流点评用户消费等	平台企业为商家提供营销方案，以帮助商家解决发展过程中的战略障碍（Randhawa et al.，2018）。平台企业通过帮助商家服务目标客户的能力，使用市场知识来建立关系，进而开发自身的战略优势	√	√	BU-2→M

续表

编号	范畴	包含的概念	理论依据及其说明	价值涌现		行动者网络分析
				T₁	T₂	
7	平台企业开发新活动的能力	是指平台企业通过以往大数据，不断地开发新活动或新流程，以激发对等行动者参与互动。例如，点评平台开发了"必吃榜""霸王餐"等热门活动	本书提炼	×	√	BU-1→BU-2→BU-3c（T₂）
8	活动结构适应性	是指平台服务生态系统内基础型活动（T₁）和系统级别新活动（T₂）之间的相互作用。例如，大众点评App为了实现"发现品质生活"目标，系统内的点评分享活动（T₁）、"必吃榜"活动（T₂）、探店打卡（T₁）等活动之间通过互动形成一个相互作用的整体，以提升平台用户的体验，促进平台服务生态系统的整体发展	本书提炼	×	√	BU-A（T₂）
9	对等协作的声誉机制	是指对等行动者通过自组织协作生成的声誉机制，是平台生态系统的共享资产，是基于互惠和信任的平台生态系统治理	Cennamo 和 Santaló（2019）指出平台生态系统的声誉机制是平台系统的整体声誉。这是对等行动者自组织协作的共享资产（Roger and Vasconcelos，2014），是大规模对等行动者所达成的共识（如共享意图、共享认知等）（Taillard et al.，2016）	√	√	BU-1→BU-2、TD-2a→PE-1/PE-2/PE-3 相结合
10	已有的价值主张	是指在平台服务生态系统作为一个"整体"，在以往的价值涌现迭代过程中，所涌现形成了系统级别的新共识、新规则等。这些规则、共识作为系统的制度组合，代表了参与协作的预期价值，被行动者接纳，成为系统内新一轮迭代过程的行动者的行为准则，以促进或约束行动者参与互动	服务生态系统内具有不同层次的价值主张（Frow et al.，2014），能够驱动个体和集体行为的预期结果，代表了行动者参与制度工作的意愿（Chandler et al.，2019）	√	√	BU-5→TD-1

编号	范畴	包含的概念	理论依据及其说明	价值涌现		行动者网络分析
				T₁	T₂	
11	参与活动规范	是指由平台企业制定的参与活动的相关规则，例如，大众点评网站的诚信公约；"必吃榜"活动评选的规则等。这是基于平台企业第三方权威的治理	平台企业在开发活动的时候，提出"游戏邀请"价值主张时（Frow et al.，2014），会制定参与规则来约束对等行动者的行为	√	√	BU-3b
12	分歧状态	是指系统内两个或者两个以上的行动者（在情感或认知上）的投入是相互冲突的。与紧张状态不同，该状态下不涉及对当前制度组合的不认可或不投入。例如，针对一家网红餐厅，一部分顾客给予5星满分好评，另一部分顾客表示不认可该餐厅的服务，给予差评	Chandler 等（2019）认为，分歧状态反映了两个或两个以上行动者在竞争制度中具有较高但是对立的（在情感或认知上）投入。分歧是制度失调的外在表现	√	√	TD-2→TD-3/M→PE-1/PE-2/PE-3
13	紧张状态	是指行动者在当前共享的制度组合情境下，减少自身（在情感或认知上）的投入。例如，顾客不认可大众点评的"网红餐厅"和"必吃榜餐厅"的标准，认为是一种商家和平台共同的虚假宣传行为	Chandler 等（2019）认为，紧张状态是当行动者怀疑现有的制度组合不符合他们的利益，或者发现具有竞争力的其他制度时，当前制度不具有吸引力。这是行动者的一种内部状态	√	√	TD-2→TD-3/M→PE-1/PE-2/PE-3
14	协调有效性	是指平台服务生态系统作为一个"整体"，具有有效地跨层次调用系统内资源的能力，可视为平台服务生态系统资源调动的精准性	Meynhardt 等（2016）基于协同学理论，认为服务生态系统的价值是一个系统属性，是指系统作为一个"整体"，具有跨层次调动系统内资源的动态能力。Beirão 等（2017）指出服务生态系统的生存能力具有两个维度：有效性和效率。Wieland 等（2012）指出服务生态系统作为一个复杂系统，通过协调系统元素之间和谐互动，寻求更大的生存能力	√	√	PE-1/PE-3→BU-1→BU-2→BU-3/BU-4/BU-A→BU-5→TD-1→TD-2
15	协调效率性	是指平台服务生态系统作为一个"整体"，能够协调系统内不同资源之间快速地发生相互作用。		√	√	

续表

编号	范畴	包含的概念	理论依据及其说明	价值涌现 T₁	价值涌现 T₂	行动者网络分析
16	新制度的生成	是指涌现生成了系统级别的新资源，具体可分为平台服务生态系统围绕基础型活动（T_1）涌现生成的系统级别新规则A、围绕着系统级别新活动（T_2）涌现生成的新规则B	本书提炼	√	√	BU-1→BU-2→BU-3a/BU-4→BU-5；BU-1→BU-2→BU-3a/BU-4→BU-A→BU-5、BU-1→BU-2→BU-3c/BU-4→BU-5
17	系统生成性能力	是指互联网技术赋予了平台服务生态系统作为一个"整体"，具有无限创造的能力。这是平台服务生态系统整体层次向外部环境（即其他生态系统）进行资源输出的表现	本书提炼	×	√	TD-1→TD-2c

注：行动者网络一栏里类似 BU-A（T_2）的标注，是指价值涌现 T_2 阶段出现的相互作用。以编号 1 的 "BU-1→BU-2、BU-2→BU-3a、BU-4、BU-2→BU-3c（T_2）、BU-A（T_2）" 为例，代表了 T_1 阶段的相互作用是 BU-1→BU-2、BU-2→BU-3a、BU-4 的组合，T_2 阶段的相互作用是 BU-1→BU-2、BU-2→BU-3a、BU-2→BU-3c、BU-4、BU-A 的组合。

表6-9 平台服务生态系统行动者网络的开放编码示例（按原始资料排序）

部分原始资料（代码编号与材料来源）	初级代码	代码	概念
……	……	……	……
从智能支付到合并收银……平台为提升商户内部的信息化提供了 IT 工具（a167）（IR02-08-08）	a167 平台为商家提供技术以解决管理过程的具体问题	aa70 为商家的运营管理提供数字化技术支持	C22 管理数字化的技术支持
……	……	……	……
通过推广通，商户进行一次投放，不仅可以触达 6 亿用户（a178）（N02-01-01）	a178 触达大规模消费者	aa72 提供品牌曝光度	C24 营销方案
……	……	……	……

续表

部分原始资料 （代码编号与材料来源）	初级代码	代码	概念
最近一直在拔草必吃榜或黑珍珠餐厅，因为不想在外面瞎吃踩雷（a181）（OR-SH02-ID163） 大众点评从 2017 年开始做"必吃榜"，2018 年同比流量上涨超过 500%……可以看出必系列榜单对消费者的决策影响很大（a181）（N14-14-03）	a181"必吃榜"网红餐厅打卡成为新引流方式	aa104 平台的"必吃榜"活动、网红打卡活动以及点评反馈分享活动之间的组合对线下服务体验的促进作用	C33 平台新的活动组合对服务体验的促进作用
……	……	……	……
美团点评是以吃为核心，聚焦以吃为核心 FOOD+综合生活服务平台……实现从"吃"到"万物增长"（a249）（N11-02-02）（T_2）	a249 平台以吃为核心打造综合生活服务，即不断开展从"吃"到"万物增长"活动_T_2	aa113 平台从"吃"到"万物增长"的活动展开，向社会输出价值_T_2	C36 平台生态系统作为整体，向外部环境输出资源_T_2
"必吃榜"数据还直观体现了"综合经济"这一概念……"必吃榜"上榜商户有效带动了周边 500 米范围内购物、游玩、酒店、亲子品类商户的线上流量增长（a255）（N13-03-10）（T_2）	a255"必吃榜"活动体现了"综合经济"，能够带动周边商圈流量_T_2	aa114 平台系统级别新活动向外部环境输出资源_T_2	
《报告》认为，共建美好生活（a275）（OM02-01-02）是以美团为代表的新一代互联网平台企业最大的社会责任（aa130）	a275 共建美好生活是互联网平台企业的社会责任	aa130 共建美好生活是平台生态系统的共同目标	C39 共建品质生活
……	……	……	……
2019 年起大众点评结合平台优势连续推出"必逛榜""必住榜""必玩榜"……通过打造权威的一站式生活消费指南（a276）（N13-02-07）（T_2）	a276"必吃"系列活动成为新权威的品质生活消费指南_T_2	aa132"必系列"榜单是平台生态系统内的新规则_T_2	C41 新权威规则的涌现_T_2
……	……	……	……
总计	152	83	32

注：材料来源编码如表 6-2 所示，IR 是指材料来源美团研究院发布的行业报告；OR 是指材料来源商家案例点评数据；N 是指材料来源社会新闻媒体报道；OM 是指材料来源美团官网新闻中心发布的新闻稿件。T_1 是指该点评内容体现了以点评分享活动为焦点活动的价值涌现阶段；T_2 是指以"必吃餐厅"榜单活动为焦点活动的价值涌现阶段。

第四节　主轴编码

主轴编码回答关于"哪里、为什么、谁、怎样以及结果如何"这些问题（Corbin and Strauss，1998）。因此，主轴编码是将开放编码形成的范畴聚类分析，形成更大的类属，以此探究不同范畴之间以及不同类属之间的关系（靳代平等，2016）。本书结合 ANT 网络志方法的转译要点（Lugosi and Quinton，2018）（具体请见第五章第五节的分析），分别从平台企业行动者网络（见图6-2）和平台服务生态系统行动者网络（见图6-3）这两个行动者网络展开主轴编码分析。

一、平台企业行动者网络的主轴编码

本书结合平台企业行动网络，主要分析了对等行动者的价值共创过程。该价值共创过程符合"条件—行为（或互动）—结果"这一经典认知模式，也就是说，对等行动者（谁）基于自身的目标（为什么）参与对等互动（怎样），从而共创价值（结果）。与此同时，对等行动者之间的每一次互动行为（即图6-2的PE-1、PE-2和PE-3）都会在系统内留下副产品（如图片、点评文本信息、打分等）。这些副产品在平台服务生态系统内大量累积，最终形成了海量的信息资源。这是对等参与子系统共同生产的资源（结果），会持续地输入平台服务生态系统内。依据上述模式，将开放编码表6-6中的7个范畴进一步归纳为两类关系（四个主范畴）。具体如表6-10所示。

表 6-10　平台企业行动者网络的主轴编码结果

编号	关系类别	主范畴	副范畴	关系内涵	价值涌现 T₁	价值涌现 T₂
1	对等参与行为	分享互动	信息分享	指顾客在平台上的资源分享行为，是人类行动者—人类行动者之间的对等互动。具体可划分为两类：①分享商家的具体信息资源，包括核心服务（如菜品、价格等）、路线、地址等；②顾客针对服务体验的主观意义上的表达，既可以是与其他用户沟通（如向商家反馈服务人员态度恶劣等），又可以是顾客通过点评（API）无意识地或有意识地自我展示的行为。这种主观意义上的表达在本质上反映了顾客的精神形态（如态度、人生经历、价值观等）	√	√
			体验分享		√	√
		学习互动	消费决策行为	指顾客在平台上的学习行为，是人类行动者—非人类行动者之间的对等互动，可分为两类：①顾客通过平台了解信息（主动搜索或被动搜索）进行决策（消费或不消费）；②顾客的适应性行为是指顾客通过平台信息（API）获得了品牌知识，然后在实际消费后获得了品牌的新知识，通过对等互动反馈自己对以往平台信息（API）和品牌在认知或情感上的调整（如不认可对网红餐厅的高分评价）	√	√
			适应性行为		√	√
2	结果	共创价值	功能价值	指顾客通过使用平台（即分享互动和学习互动）所共创的实用性价值。这是虚拟平台系统体验、实体商家体验以及社交的体验综合起来所共创的价值，是平台服务生态系统通过对等行动者向外输出资源的一种方式。具体可划分为：①平台使用价值是指顾客通过使用平台获取了商家信息，解决了自身对商家信息掌握不足的问题；②顾客通过参与平台的对等协作（如参与点评送优惠券），以此获得了经济价值；③顾客使用平台，找到在平台生态系统内品牌声誉较好的商户（即本书案例中的网红店），进行线下消费，以此可获得网红店的社交价值	√	√
			享乐价值	指满足顾客精神需求的价值。这是虚拟平台系统体验、实体商家体验以及社交的体验综合起来所共创的价值，是平台服务生态系统通过对等行动者向外输出资源的又一种方式。在本书案例内，顾客通过对等互动参与平台生态系统的"探店打卡""网红拔草"等活动，成为顾客自我娱乐的一种方式	√	√
		共同生产	信息资源	指在对等互动过程中产生的副产品（如文本、图片、小视频等）。这些副产品在平台内不断累积，是对等参与子系统向平台服务生态系统输入的基础操作性资源	√	√

二、平台服务生态系统行动者网络的主轴编码

如第五章第五节所分析，平台服务生态系统的行动者网络包含了对等参与子系统、向上因果力子系统和向下因果力子系统。其中，对等参与子系统（即平台企业行动者网络）被封装为平台服务生态系统行动者网络的一个节点（即信息资源）。本书探讨的是平台服务生态系统作为一个复杂适应系统，其"部分"之间的相互作用是如何涌现生成"整体"的新价值。此时，平台服务生态系统被视为一个系统级别的"聚集行动者"（具体分析请见第四章），是一个系统级别的资源整合者。从本书的原始材料和开放编码结果来看，平台服务生态系统的价值涌现过程符合"输入→过程→输出"（Input-Process-Output）这一经典模式，即将平台服务生态系统作为一个系统级别的资源整合者（谁），其价值创造机制满足"资源输入→异质性资源整合过程（涌现价值生成）→资源输出"这一跨层次（微观、中观和宏观）模式。

依据行动者网络的封装组件理论（Callon，1990），在平台服务生态系统的行动者网络构建的过程中，将一整个平台企业行动者网络（即对等参与子系统）封装为平台服务生态系统行动者网络的一个节点。结合本书图6-3的平台服务生态系统行动者网络可知，此时，对等参与子系统作为一个非人类行动者。平台服务生态系统作为一个"整体"，先通过对等参与子系统从外部环境输入信息资源（API）；然后基于向上因果力子系统生成系统级别的涌现价值（怎样、结果），改变了自身的资源基础（为什么）；接着通过向下因果力子系统自上而下地约束或促进对等行动者的参与行为或平台企业的行动者（结果），以应对外部环境的变化（为什么）。简言之，平台服务生态系统的价值涌现满足：对等参与子系统（资源输入）→向上因果力子系统（涌现过程1）→涌现价值（涌现结果）→向下因果力子系统（涌现过程2）→对等参与子系统（资源输出）。

据此，本书将平台服务生态系统行动者网络的开放编码形成的 17 个范畴进一步归纳为五大类关系（八个主范畴）。其中，对等互动共同生产主范畴是由平台企业行动者网络分析所得，具体如表 6-11 所示。

表 6-11　平台服务生态系统行动者网络的主轴编码结果

编号	关系类别	主范畴	副范畴（及其分类）		关系内涵	价值涌现	
						T_1	T_2
1	资源输入	对等互动共同生产	信息资源		依据行动者网络理论，在平台服务生态系统行动者网络中，对等参与子系统作为一个非人类行动者，会持续性向平台服务生态系统输入基础操作性资源	√	√
		平台企业动态能力	技术能力		平台企业通过执行一系列技术任务的能力，帮助对等行动者解决自身技术障碍，促进对等互动	√	√
			营销能力		平台企业基于系统内海量的信息资源，通过执行一系列营销任务，帮助对等服务提供者触达对等服务体验者	√	√
			开发新活动的能力		平台企业基于系统内海量的信息资源不断地开发新活动的能力。一方面，该能力能够激发对等行动者参与互动，维持了对等参与子系统的活力；另一方面，依据行动者网络理论，平台企业作为平台服务生态系统的"代言人"，该能力使平台服务生态系统能够围绕新活动重新整合系统内部现有的资源	×	√
2	向上因果力（涌现过程1）	活动资源复杂性	资源时效性		平台服务生态系统具有时空契合特性，这使现有的资源成为新的基础型资源，在未来被系统所识别和重新整合	√	√
			资源跨层次性		平台服务生态系统的资源是分布在不同层次（微观、中观和宏观）的，涌现价值的生成是一个跨层次相互作用	√	√
			活动资源互补性	资源多样性	包含资源多样性和资源密度。资源多样性是指在异质性资源整合过程中，围绕焦点活动，不同类型资源的独特贡献。资源密度是指同类型资源在异质性资源整合过程中的独特贡献	√	√
				资源密度			
			活动结构适应性		活动结构适应性是指围绕系统级别价值主张相互嵌套的不同种类活动（即基础型活动和系统级别新活动）之间的相互作用	×	√

续表

编号	关系类别	主范畴	副范畴（及其分类）		关系内涵	价值涌现	
						T_1	T_2
3	涌现价值	协调价值	协调资源有效性		平台服务生态系统作为一个系统级别资源整合者，能够有效协调系统内部其他资源（即BORs或CORs）	√	√
			协调资源效率		平台服务生态系统作为一个系统级别资源整合者，调用系统内部其他资源（即BORs或CORs）的效率	√	√
		适应价值	新制度涌现		平台服务生态系统作为一个系统级别资源整合者，围绕焦点活动涌现生成的系统级别新制度（如新规则、新价值主张等），是系统级别新高阶资源（IORs）	√	√
			系统生成性能力		互联网技术赋予了平台服务生态系统作为一个系统级别资源整合者，具有无限创造的能力。换言之，平台服务生态系统在一个系统级别"整体"层次，实现了向其他生态系统（即外部环境）输出资源	×	√
4	向下因果力（涌现过程2）	制度协调	制度稳定化努力	声誉机制	制度稳定化努力是指平台服务生态系统为了增加生态系统的稳定性，对已有的不同制度进行了融合（包含了对相互竞争的制度之间进行组合），进而增加系统内部制度组合的多样性。这是一个迭代反馈的过程，即以往平台服务生态系统基于焦点活动生成的新价值主张、新规则、新共享意图、平台企业制定的新参与活动规范等，在下一轮迭代过程中，都发生了进一步融合	√	√
				已有价值主张			
				参与活动的规范			
			制度失调	紧张	制度失调是指服务生态系统内的制度之间存在着竞争、削弱和主导关系，这使个体行动者对系统内的制度有不同的反应。具体可以划分为紧张和分歧		
				分歧			
5	资源输出	向外部环境输出资源	共创价值		这是平台服务生态系统作为一个"整体"，向微观层次的对等行动者（即复杂系统的组成部分）反馈输出资源的体现。这是整体向部分输出资源的体现	√	√
			平台企业动态能力		这是平台服务生态系统作为一个"整体"，向中观层次的平台企业（即复杂系统的组成部分）反馈输出资源的体现。涌现价值生成后，适应性价值会改变整个系统的资源基础，从而提升平台企业的品牌价值和动态能力。这是整体向部分输出资源的体现	√	√
			系统生成性		这是平台服务生态系统作为一个"整体"，整体向外部环境中的其他"整体"（即其他宏观层次的生态系统，如本书案例的就业生态系统）反馈输出资源的体现。这是整体向整体输出资源的体现	×	√

第五节　选择编码

选择编码也称为核心编码，是指研究者在系统地分析主轴编码时所发现的概念类属后，选择一个"核心类属"（靳代平等，2016）。在本书对数字化平台服务生态系统的价值涌现机制研究中，结合 ANT 网络志方法（Lugosi and Quinton，2018）的行动者网络转译过程和本书第四章的图 4-1 初步框架，提炼出"对等参与子系统的资源输入→向上因果力子系统→涌现价值→向下因果力子系统→系统资源输出（包含对等参与子系统、平台企业和其他生态系统三个层次的资源输出）"这一价值涌现观点。研究发现平台服务生态系统作为一个"整体"，其价值创造过程是具有复杂性和涌现性的。平台服务生态系统作为一个系统级别"资源整合者"，通过对等参与子系统内的对等行动者的互动行为，将外部环境资源（BORs 或 CORs）输入系统内；再由向上因果力子系统围绕焦点活动（基础型活动或系统级别新活动）进行异质性资源整合，涌现生成新高阶资源（IORs），即平台服务生态系统获得了涌现价值，以此来改变自身的资源基础；接着，平台服务生态系统通过向下因果力子系统，自上而下地约束或促进对等行动者（即本书案例的顾客或商户）或平台企业的行为。最终，平台服务生态系统作为一个"整体"，一方面，对内进行资源和行动者的筛选；另一方面，对外实现系统作为一个"整体"的共同进化。由此，平台服务生态系统完成了基于系统内部大数据的虚拟再生产活动。依据这个故事线，本书提出了平台服务生态系统的价值涌现机制，具体如表 6-12 所示。

表 6-12 选择编码结果

核心范畴		主范畴及其维度		价值涌现	
				T₁	T₂
系统资源输入	微观	信息资源（对等互动共同生产的）		√	√
	中观	平台企业动态能力	技术能力	√	√
			营销能力	√	√
向上因果力		平台企业动态能力	技术能力	√	√
			营销能力	√	√
			开发新活动能力	×	√
		活动资源复杂性		√	√
		活动结构适应性		×	√
涌现结果		协调价值	协调有效性	√	√
			协调效率		
		适应价值	新制度涌现	√	√
			系统生成性	×	√
向下因果力		制度协调		√	√
系统资源输出	微观	共创价值	享乐价值	√	√
			功能价值		
	中观	平台企业动态能力	营销能力	√	√
			开发新活动能力	×	√
	宏观	系统生成性		×	√

资料来源：笔者绘制。

第七章在第六章的表 6-11 和表 6-12 的基础上，结合本书案例数据对主要理论范畴及其关系展开详细的分析与阐述。

第七章

数字化平台服务生态系统
价值涌现机理分析

第一节　价值涌现 T_1 阶段是 T_2 阶段的基础

本书在第六章第一节已分析，依据 Adner（2017）的"生态系统作为结构"的战略理论，本书认为在平台服务生态系统内活动可以划分为两类：基础型活动和系统级别新活动。据此，本书将价值涌现划分为以基础型活动为焦点活动的 T_1 阶段和以系统级别新活动为焦点活动的 T_2 阶段。

本书首先针对第六章的图6-3的平台服务生态系统行动者网络展开理论分析，研究发现：BU-1→BU-2→BU-3c（T_2）→BU-5、BU-1→BU-2→BU-3a→BU-A（T_2）→BU-5 以及 TD-1→TD-2c（T_2）→TD-3 这三种跨层次相互作用是价值涌现 T_2 阶段所独有的。具体来说，BU-1→BU-2→BU-3c（T_2）→BU-5 跨层次相互作用体现了：在价值涌现 T_2 阶段内，平台企业作为平台服务生态系统的"代言人"，开发了新的"必吃榜"活动，以此促进平台服务生态系统内部资源的再整合，涌现生成新价值。BU-1→BU-2→BU-3a→BU-A（T_2）→BU-5 相互作用体现了：点评活动（T_1）是系统开发"必吃榜"活动（T_2）的基础，这两种类型的活动之间是相辅相成的关系，而不是互相替代的关系。TD-1→TD-2c（T_2）→TD-3 相互作用体现了：平台服务生态系统作为一个"整体"，涌现价值会通过内部环境向外部环境输出资源。

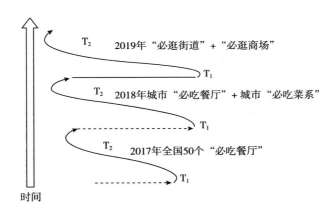

图 7-1　价值涌现 T_1 阶段和 T_2 阶段迭代示例

资料来源：笔者绘制。

其次，本书研究发现：①价值涌现是平台服务生态系统的"组成部分"① 与系统"整体"之间相互作用的持续性迭代过程；②涌现价值具有恒新性（Waller et al.，2016；苗东升，2016），是平台服务生态系统以焦点活动为核心不断产生的新高阶资源。因此，当系统内某个新焦点活动开始时，平台服务生态系统就会通过部分—部分相互作用、部分—整体相互作用以及整体—部分相互作用的非线性迭代生成新的涌现价值。当该焦点活动结束时，上一轮迭

———————————

① 具体如第四章表 4-1 所示，分别有行动者、内部环境和相互作用。

代产生的涌现价值会成为系统内固有的制度（即成为系统的内部环境资源），与系统内原有的制度相结合生成新的制度组合，成为下一轮价值涌现迭代过程（即系统开发了新的焦点活动）的系统内部环境。

以本书"必吃榜"活动为例，"N07-01-04①：作为中国首个基于大数据和用户评价评选出的美食榜单（以往点评分享数据→榜单）②，大众点评'必吃榜'用数据呈现了一个色香味俱全的美丽世界……（以往点评分享数据→自下而上跨层次涌现）"由此可知："必吃榜"活动（T_2）作为大众点评平台服务生态系统的新活动，是建立在点评分享活动（T_1）基础之上的。在开发"必系列"活动的过程中，大众点评平台企业通过重新设计参与活动（即图6-3的BU-3c）、重新配置对等网络（即图6-3的M）和重新建立参与对等互动规则（即图6-3的BU-3b），以此促进点评用户的需求和系统内的资源之间不断地生成新连接。大众点评在2017年首次基于海量点评数据发布了"全国必吃餐厅"榜单活动，即在T_1阶段点评活动的基础上开发了T_2阶段的系统级别新活动，随后依次推出了城市"必吃餐厅"、城市"必吃菜系""必住酒店""必玩景点"等活动，将"必系列"榜单活动的内容从"吃"拓展到了"吃""逛""玩""住"等范围，涉及了以顾客为核心的具体生活消费场景的各个方面。其中，每一个系统新活动（如"必吃菜系""必逛街道"等）的开发（T_2），都体现了平台企业对以往累积在大众点评上的点评数据（T_1）展开了新一轮分析和整合。因此，平台服务生态系统的价值涌现是由基础型活动（T_1）阶段和系统级别新活动（T_2）不断迭代生成。具体如图7-1所示，在大

---

① 本书在引用案例材料时，以N07-01-04表示材料来源—页数—段落，具体材料来源请见本书第六章的表6-2。以N07-01-04为例，其代表新闻媒体报道（News，N）类的第7个材料的第1页的第4个段落。下文引用的材料N01-02-08、N02-01-04等的命名规则亦是如此。

② 为了便于读者理解在扎根分析过程中，研究者与文本材料之间是如何互动的，笔者在引用相关案例材料时，会展示部分编码以及编码与编码之间的关系，例如此处的"（以往点评分享数据→榜单）"，这是指研究者对此段材料的解读使以往点评分享数据形成了榜单。由此影响了读者的阅读体验，笔者在此深表歉意。

众平台服务生态系统内，以"必系列"活动为核心的价值涌现 T_2 阶段是在以"点评活动"为核心的价值涌现 T_1 阶段的基础上发展而来的。与此同时，如图 7-2 和图 7-3 所示，本章在价值涌现机理分析的过程中（具体请见本章接下来章节），进一步论证了价值涌现 T_1 阶段是 T_2 阶段的基础。

综上所述，结合行动者网络理论、复杂适应系统理论和服务生态系统理论，对文本数据的展开了扎根理论分析，本书认为：

命题 7-1：数字化平台服务生态系统的涌现价值是由以基础型活动为核心的价值涌现 T_1 阶段和以系统级别新活动的价值涌现 T_2 阶段迭代生成的。其中，价值涌现 T_1 阶段是 T_2 阶段的基础。

第二节　对等参与子系统为数字化平台服务生态系统输入资源

一、对等互动将外部资源输入系统内

本书将个体行动者的对等互动划分为两类：分享互动和学习互动。

（1）分享互动。这是指顾客在平台上的资源分享行为，是人类行动者—人类行动者的对等互动，可进一步划分为信息分享和体验分享这两个副范畴。具体来说，信息分享是指顾客能够通过对等互动来分享商家的信息，可划分为：①商家核心服务信息，如菜品信息、价格、服务人员态度、用餐环境等；②核心服务以外的信息，如交通路线、现场排队环境等。体验分享是指顾客针对某次服务体验在主观意义上的表达，可划分为：①顾客通过点评内容（API）有意识地或无意识地进行自我披露（如思想、喜好、情感等）；

②顾客可通过对等互动与商家展开对话，以此反馈优惠活动信息或分享负面服务体验的信息等，具体见第六章表6-7的C5概念示例。体验分享行为在本质上是顾客借由流程（P）或接口（I）这些工具，主动地反映自身的精神形态（如态度、人生经历、价值观等）。总体来说，本书的分享互动与现有的协作消费研究的结果是一致的（Hollebeek et al.，2019；Benoit et al.，2017）。

（2）学习互动。这是指顾客在平台上的学习行为，是人类行动者—非人类行动者的对等互动，可进一步划分为消费决策行为（即图6-2的PE-2→OF-2）和适应性行为（即图6-2的PE-2→OF-2→PE-3a）这两个副范畴。结合平台企业行动者网络（见图6-2）理论分析和质性材料文本分析，本书认为顾客的学习互动行为是一个迭代的过程。首先，顾客在线上与非人类行动者（即图片、点评文字、点评分数等）发生对等互动，被线上点评口碑（API）所吸引（即PE-2），进而作出了线下消费决策（即OF-2）。这是顾客的消费决策行为。接着，顾客在实体店消费以后，会基于自身感受获得商家品牌的信息，认为该商家服务达到（或没有达到）大众点评平台高分点评（API）所述的水平。最终，顾客通过线上发布相关点评信息（即PE-3a），以此来分享自身的情感、体验等信息。这就是顾客的适应性行为。它是指顾客先通过与平台上商家信息（API）发生互动，作出了想体验该商家服务的决策。然后，顾客在实际消费后获得了商家品牌的新知识，再返回线上通过对等互动反馈自己对以往商家信息（API）和品牌在认知或情感上的调整，如认可或者不认可点评信息里给网红餐厅的较高分数。

综上所述，顾客（即人类行动者）通过参与对等互动（即分享互动和学习互动），将自身的情感BORs、物理体验BORs转化为信息BORs，输入到数字化平台服务生态系统内。换言之，个体行动者通过对等互动能够将外部环境资源（物理BORs、社会BORs等）输入到平台服务生态系统内。这是因为互联网技术具有资源液化的能力（Lusch and Nambisan，2015）。该能力是指互联网技术可以将信息从任何物理形式中分离出来。这种数字技术的解耦能力，能够释放出巨大的创造力（Tilson et al.，2010），最终将外部环境资源转化为信息资源（BORs）的形式（Singaraju et al.，2016；Madhavaram and Hunt，2008），输入到平台服务生态系统内。

举例来说，在价值涌现 T_1 阶段，"OR-SH02-ID16[①]：……据说人气口碑都不错，今天约了久违的朋友们拔草此店（对等互动：消费决策行为），然而却并没有网传预期那么好，有些失望（适应性行为→输入物理 BORs 和情感 BORs）"。在价值涌现 T_2 阶段，"OR-BJ06-ID02：跟着点评必吃榜（T_2）走（人类行动者—非人类行动者对等互动：消费决策行为），准是没错儿的！……酷麦鲜虾沙拉，真是绝了（适应性行为→输入情感资源、菜品信息资源等）"。

二、对等互动共同生产的信息资源是价值涌现的启动基础

本书研究发现，在数字化平台服务生态系统内，行动者参与对等互动的行为会产生共创价值和共同生产这两类结果。一方面，顾客作为对等服务体验者角色，能够通过对等互动共创价值，包括享乐价值和功能价值。在平台服务生态系统内，对等互动是处于一个数字、社会和物理三个维度交叉组合的情境中（Bolton et al.，2018）。因此，享乐价值和功能价值是由虚拟的平台系统体验情境、实体的商家服务体验情境以及社交的网红店体验情境综合起来，顾客通过对等互动所共创的价值。这是平台服务生态系统通过对等行动者向外输出资源的具体表现。另一方面，对于整个平台服务生态系统来说，对等互动行为本

---

① OR-SH02-ID16 表示材料来源是点评数据（Online Reviews，OR）类材料的编号 SH02 商户的 ID16 顾客的评论数据。具体材料来源请见本书表 6-2。下文引用的材料 OR-BJ06-ID02、OR-BJ06-ID40 等命名规则也是如此。

质上是对等行动者为平台共同生产信息资源（BORs）。结合行动者网络理论分析（具体见第五章第五节），本书研究发现：如图 6-2 所示，在大众点评平台企业行动者网络里，顾客通过点评分享行为（PE-1 或 PE-3），将外部环境资源（情感 BORs、线下体验 BORs、社会 BORs 等）整合输入到对等参与子系统内，共同生产了顾客需求、行为偏好、商家服务评价、现场环境照片等点评信息（API）。如图 6-3 所示，在平台服务生态系统行动者网络里，BU-1 相互作用体现了对等参与子系统能够持续地为平台服务生态系统注入点评信息 BORs。例如，"N01-02-08：大众点评月活跃用户数超过 2.5 亿，点评数量超过 1.5亿条（对等参与子系统→输入信息资源）"；"N02-01-04：……美团点评积累了消费者的行为数据（对等参与子系统→输入信息资源），深知 6 亿消费者的偏好和习惯"。因此，对等互动生成的信息资源是数字化平台服务生态系统的基础资源（BORs）的来源（Eckhardt et al.，2019；Madhavaram and Hunt，2008）。

综上所述，基于理论和文本数据的分析，本书认为：

命题 7-2：对等参与子系统为数字化平台服务生态系统的价值涌现提供了启动机制：一方面，个体行动者通过对等互动将外部资源输入到数字化平台服务生态系统内；另一方面，对等互动所共同生产的信息基础型资源（BORs）是数字化平台服务生态系统价值涌现的启动基础。

第三节　向上因果力子系统为价值涌现提供了动力

在价值涌现过程方面，本节分析发现，向上因果力子系统为价值涌现提供了动力，是平台服务生态系统价值涌现的动力机制。具体如图 7-2 和图 7-3 所示。

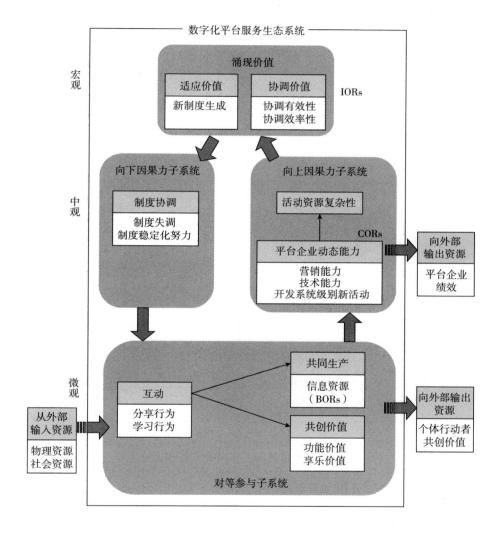

图 7-2 价值涌现 T₁ 阶段的理论模型

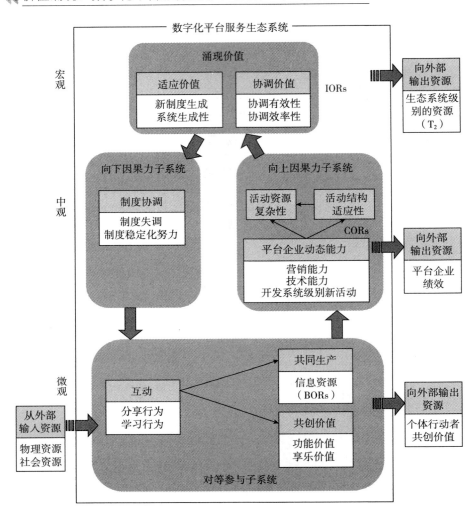

图 7-3   价值涌现 T_2 阶段的理论模型

一、价值涌现 T_1 阶段

（一）平台企业通过技术能力和营销能力向平台服务生态系统输入资源

结合图 6-3 平台服务生态系统行动者网络和图 7-1 价值涌现 T_1 阶段和 T_2

阶段迭代图，本书研究发现：在资源输入方面，平台服务生态系统作为一个"整体"，通过个体行动者和平台企业从外部环境获取的资源（BORs 或 CORs）。在个体行动者方面，本章在第二节已分析个体行动者通过对等互动将外部资源输入到平台服务生态系统内。如图 6-3 所示，BU-1 相互作用体现了对等行动者向平台服务生态系统持续地输入信息 BORs 的过程。在平台企业方面，如图 6-3 所示，BU-1→BU-2→BU-3a 相互作用体现了，在价值涌现 T_1 阶段，平台企业基于海量的信息 BORs（API），通过技术能力（即 M→PE-1 或 PE-2 或 PE-3）为对等行动者提供强大的对等网络资源（CORs）。同时，平台企业通过营销能力（即 BU-1→BU-2→M→OF-1 或 OF-2）为一边对等行动者提供另一边对等行动者知识资源（CORs）。例如，为商家提供顾客偏好知识资源，为顾客提供商家的品牌知识资源等。最终，平台企业的技术能力和营销能力增加了系统资源的互补性（如表 6-11 所示，包含了资源的多样性和资源的密度），进而促进了基础型活动（如本书案例点评分享活动）的成功。这是平台企业持续地向数字化平台服务生态系统输入资源的方式。

以大众点评平台为例，一方面，大众点评平台企业通过提供照片、文本、小视频等多种技术，为用户（顾客或商家）之间对等互动提供了技术支持（BU-1→BU-2→M），以促进用户（顾客或商家）之间更好地共创价值。例如，"OI10-06-03：……通过用户生成的本地搜索查询数据进一步改善其营销精确度（技术能力和营销能力→促进对等互动）"。"IR02-18-01：美团点评旗下的'点评头条'是基于位置服务（LBS）（技术能力→为系统输入商家知识资源）和用户生产/专业生产内容（PUGC）推出的一项功能（整合对等互动的副产品信息资源→为平台系统输入商家和顾客的知识资源）……通过地理位置+信息流+短视频的推荐方式让用户发现（技术和营销能力→增加了资源密度→促进对等互动）身边需要的店面进行消费（技术和营销能力→线下消费）"。另一方面，大众点评平台企业通过对海量信息资源（BORs）的整合，生成顾客知识资源（CORs），据此为商家提供全面的营销方案，使商家能够更精准地定位目标顾客。例如，"IR02-06-03：平台将消费者评价进行指标化处理（技术能力→为系统输入商户知识资源），并进行大数据分析……帮助商家把握市场信息（技术能力→为系统输入顾客偏好知识资源）"。

基于以上理论分析和文本分析，本书认为：

命题 7-3a：价值涌现 T_1 阶段，在向上因果力子系统内，平台企业通过技术能力和营销能力，整合对等参与子系统所输入的信息基础型资源（BORs），不断地向数字化平台服务生态系统输入组合型资源（即对等网络 CORs 和顾客知识 CORs），进而增加了数字化平台服务生态系统内活动资源的互补性。

（二）平台服务生态系统围绕焦点活动整合了平台企业和对等行动者的资源

数字化平台服务生态系统作为一个"聚集行动者"，围绕焦点活动，通过整合整个系统的资源来涌现生成系统级别新价值。基于第六章的图 6-3 的行动者网络理论分析，本书认为 BU-1→BU-2→BU-3a→BU-5 相互作用体现了：在价值涌现 T_1 阶段，作为平台服务生态系统的"代言人"——平台企业的技术能力和营销能力能够促进基础型活动资源之间相互作用的复杂性，即本书提炼的活动资源复杂性。活动资源复杂性是指在平台服务生态系统内围绕焦点活动的资源整合过程中，资源之间的相互作用具有复杂性。具体来说，如图 7-2 所示，平台服务生态系统作为一个系统级别的资源整合者，在围绕焦点活动展开异质性资源整合的过程中，资源分别从互补性、时效性以及跨层次性这三个方面产生互动。因此，本书的活动资源复杂性包含活动资源互补性、资源跨层次性和资源时效性三个副范畴。具体分析如下：

1. 活动资源互补性

本书借鉴了战略管理领域 Soda 和 Furlotti（2017）提出的任务资源互补性理论和 Adner（2017）提出的"生态系统作为结构"理论，认为平台服务生态系统作为一个系统级别的资源整合者，它的资源互补性是活动资源互补性。活动资源互补性是指平台服务生态系统在异质性资源整合过程中，资源与焦点活动之间的相互作用。本书认为活动资源互动性是向上因果力涌现过程的一个重要因素。Soda 和 Furlotti（2017）将任务资源互补性划分为资源深度和资源广度这两个维度，分别代表了资源密度的互补和资源种类的互补。因此，本书借鉴 Soda 和 Furlotti（2017）的理论，提炼了活动资源互补性概念，包含资源多样性和资源密度这两个子范畴。资源多样性是指围绕焦点活动，在异质性资源整合过程中，不同类型的资源的独特优势。换言之，资源多样性是指为了完成系统级别目标（即焦点活动），平台服务生态系统所调动的资源在种类上的互补性。资源密度是指同类型资源在异质性资源整合过程中的贡献。这是因为当服务生态系统内的资源达到一定密度的时候，资源整合的效率会有较大的提升（Lusch and Nambisan，2015）。

从行动者网络分析上来看，结合图 6-3 可知，BU-2→BU-3a 体现了平台企业围绕着基础型活动（T_1），运用自身技术能力和营销能力（CORs），将信息资源（BORs）整合生成顾客或商家的知识资源（CORs）输入到平台服务生态系统内。BU-4 是指平台服务生态系统围绕基础型活动（T_1）整合了内部环境资源（CORs）（如系统的制度资源等）。因此，BU-2→BU-3a→BU-5 和 BU-4 这两种相互作用的组合是指活动资源互补性。这是指在价值涌现 T_1 阶段，一方面，平台服务生态系统内，不同种类的资源（即平台企业动态能力、顾客或商家的知识资源、制度资源以及信息资源）在价值涌现过程中贡献了独特优势。另一方面，平台企业作为平台服务生态系统的"代言人"，能够通过自身的动态能力（即技术能力和营销能力）将对等参与子系统共同生产的信息资源（API）持续性地转化为顾客或商家的知识资源，源源不断地输入到平台系统内，以此增加了系统内资源的密度。本书案例内，大众点评平台企业围绕点评分享活动，"N01-01-06：……新加强的'品质优惠'页签……向用户推荐兼具品质和优惠的商家（技术能力和营销能力→商家的知识资源→输入平台服务生态系统内），帮助用户第一时间发现好且实惠的店（营销能力→商家的知识资源→促进平台服务生态系统内资源整合效率）"。

2. 资源跨层次性

依据复杂适应系统理论（Holland，1998）和服务生态系统价值创造理论（Vargo and Lusch，2016），本书认为平台服务生态系统作为一个复杂适应系统，能够调动系统内不同层次（即微观、中观和宏观）的资源，进而涌现形成系统级别的新价值。结合行动者网络（见图 6-3），本书分析发现：在价值涌现 T_1 阶段围绕焦点活动的异质性资源整合过程中，PE-1/PE-3→BU-1→BU-2→BU-3a→BU-5 相互作用体现了平台服务生态系统能够"自下而上"的跨层次调用资源；TD-1→TD-2a→PE-2 相互作用和 TD-1→TD-2b→M→PE-2 相互作用体现了平台服务生态系统能够"自上而下"的跨层次调用资源。在本书案例中，N01-01-06 材料显示，大众点评平台企业依据点评信息（API）内的用户的评分、点赞数等部分给每个商家的口味、环境和服务进行综合打分，并颁发"品质优惠"认证。在这个过程中，平台企业作为平台服务生态系统的"代言人"，围绕点评活动依次调用的资源分别有：首先，平台企业运算和分析了对等参与子系统内的大规模点评数据（API），进而生成了商家的知识资源。这涵盖了从微观（PE-1/PE-3→BU-1）到中观的跨层次调用（BU-1→BU-2→BU-3a）资源。其次，大众点评平台企业按照分析结果给生态系统内的商家颁发"品质优惠"认证，这涵盖了两个跨层次调用资源，一方面，商家"品质优惠"认证是平台企业基于整个系统内的信息资源分析获得的，这是从中观层次到宏观层次调用资源（BU-3a→BU-5）；另一方面，平台企业颁发给商家的"品质优惠"认证，是有现有生态系统声誉背书的（TD-1→TD-2b→M），能够吸引顾客进行线下消费（TD-1→TD-2b→M→PE-2 或 TD-1→TD-2a→PE-2）。因此，"品质优惠"等认证标签颁发过程是平台服务生态系统内跨层次（宏观→中观→微观）调用资源的过程。由此可知，平台企业的动态能力能够促进平台服务生态系统内的资源跨层次相互作用，与此同时，作为平台服务生态系统的内部环境——制度组合，能够促进平台服务系统内的资源跨层次相互作用。

3. 资源时效性

平台服务生态系统具有时空契合特性，这使现有的资源会成为新的基础型资源，在未来被系统所识别和重新整合。结合图6-3，本书从行动者网络理论分析可知，一方面，PE-1a→PE-2相互作用体现了，每一个对等互动都能为平台服务生态系统生成信息资源（API），即共同生产了一个新的信息（BORs），这些新信息资源能够被其他对等行动者所识别，进而驱动该行动者参与对等互动（PE-3a）或线下消费（OF-2）。另一方面，对等参与子系统不断地累积大规模信息资源（API）。这些海量的信息资源作为基础型操作性资源（BORs），不断地被平台服务生态系统异质性资源整合，最终成为平台服务生态系统内顾客或商家的知识资源（CORs）、平台企业动态能力资源（CORs）、制度（CORs）等。这是一个持续且动态的过程。举例来说，2019年美团财务报告显示，截至2019年12月31日，大众点评平台已累计了国内数百万商家超过77亿条点评数据（PE-1/PE-3→BU-1），这些数据进一步转化为由大规模分享协作所建立的数字化信用体系（以往信息资源→促进系统内的资源整合→声誉）。与此同时，"N02-01-04：……美团点评积累了消费者的行为数据（对等互动→共同生产信息资源），深知6亿消费者的偏好和习惯（以往信息资源→技术能力和营销能力→顾客知识资源）。"这是指大众平台企业利用其技术能力和营销能力将系统以往累积的信息资源（API）整合为顾客知识资源，并以此来促进商家资源与顾客需求能够跨时空大规模连接起来，以此推动对等互动的成功。

基于以上理论分析和文本分析，本书认为：

命题7-3b：价值涌现 T_1 阶段，在向上因果力子系统内，数字化平台服务生态系统作为一个系统级别资源整合者，以基础型活动为核心整合平台企业和对等参与子系统的资源，形成了活动资源复杂性。

二、价值涌现 T_2 阶段

根据图7-1、图7-2和图7-3，价值涌现的 T_2 阶段是在价值涌现 T_1 阶段的基础上发展而来的。因此，在价值涌现 T_2 阶段，对等参与子系统是价值涌现的启动基础。与此同时，在价值涌现 T_2 阶段，在输入资源方面，平台企业不仅能够运用营销能力和技术能力向平台服务生态系统输入新资源，还通过开发系统级别的新活动（ T_2 ）促进系统内现有资源的再整合，进而实现平台服务生态系统的活动结构适应性，以此实现了向系统内部输入不同活动之间关系的资源。

具体来说，结合第六章的图6-3的行动者网络分析和扎根理论分析，本书研究发现，BU-1→BU-2→BU-3a→BU-A→BU-5相互作用、BU-1→BU-2→BU3c→BU-5相互作用以及TD-1→TD-2c→TD-3相互作用是价值涌现 T_2 阶段所独有的。①基于行动者网络理论（Latour，2005），本书认为平台企业作为平台服务生态系统的"代言人"，在价值涌现 T_2 阶段，能够依托系统内的大数据不断地开发系统级别新活动（即BU-1→BU-2→BU-3c→BU-5），进而促进整个系统内资源的重新组合，以此传达平台服务生态系统的意愿。据此，如表6-11所示，本书在资源输入关系类别内，将开发新活动能力这一副范畴归纳为平台企业动态能力，这是价值涌现 T_2 阶段所独有的副范畴。②结合复杂适应系统理论（Holland，1998）和行动者网络理论分析，本书认为BU-1→BU-2→BU-3a→BU-A→BU-5相互作用和BU-1→BU-2→BU-3c→BU-5相互作用体现了平台企业通过开发系统级别新活动促进了平台服务生态系统内部的活动结构适应性。活动结构概念来自工业系统中企业之间的分工（Dubois，

1998）。企业通过执行一系列不同的活动来生产最终产品，同时，各个活动在最终产品活动链中发生相互作用（Dubois，1998）。由图6-3平台服务生态系统行动者网络可知，无论是基础型活动（T_1）还是系统级别新活动（T_2），都是平台服务生态系统作为一个"整体"，为了实现系统级别的目标来展开的。因此，本书将活动结构定义为平台服务生态系统为了实现系统级别的目标（即系统价值主张）所涉及的所有活动的总集合。活动结构适应性是指平台服务生态系统内围绕系统级别目标相互嵌套的不同种类活动（基础型活动和系统级别新活动）之间的相互作用（即BU-A）。本书案例内价值涌现T_1阶段的"点评分享"活动、"探店打卡"活动等，与价值涌现T_2阶段的"必吃榜""必逛商场榜""必逛街道榜"等"必系列"榜单活动相结合，进而形成了"异地必系列榜单探店打卡"新潮流。例如，"OI09-10-05：我们于2017年推出了优质餐厅的'必吃榜'，深受商家和消费的欢迎（开发'必吃榜'新活动→涌现价值）。于2019年上半年，我们扩大了'必系列榜单'（平台企业开发新活动→活动资源互补性），加入顶级购物中心的'必逛榜'（开发新活动→活动结构适应性）、顶级旅游景点的'必玩榜'（开发新活动→活动结构适应性）以及顶级酒店及度假村的'必住榜'（开发新活动→活动结构适应性）……'必系列'榜单进一步增强了我们在不同服务类别的消费者及商家之间的品牌知名度和影响力（活动结构适应性→活动之间互动的复杂性→新制度涌现）"；"N14-13-03：商场已成为年轻人异地出行的打卡胜地（点评分享→异地打卡活动）；N14-13-06：'40%的用户通过点评看到商场'……每月有近50万的新增纯商场点评数（点评分享活动→打卡活动）"；"N14-14-02：年轻人通过榜单找消费场景频次越来越高（BU-M）（点评分享活动、'必系列'榜单活动和打卡活动共同发挥作用→线下消费线上反馈）"。这些表明了平台服务生态系统内的活动结构适应性：①在线下商家和顾客的服务体验过程中发挥着重要作用；②能够促进线上对等互动的发生。因此，活动结构适应性会影响平台服务生态系统内资源整合过程中焦点活动资源相互作用的复杂性（即活动资源复杂性）。需要指出的是，活动结构适应性体现了系统内的不同活动种类（即基础型活动和系统级别新活动）之间的相互作用复杂性；活动资源复杂性这一主范畴是针对于同一个焦点活动来说，资源之间相互作用的复杂性。

基于以上理论分析和文本分析，本书认为：

命题 7-3c：价值涌现 T_2 阶段，在向上因果力子系统内，平台企业通过开发系统级别新活动，促进系统内现有资源的再整合，进而实现了数字化平台服务生态系统的活动结构适应性。

命题 7-3d：价值涌现 T_2 阶段，在向上因果力子系统内，数字化平台服务生态系统的活动结构适应性促进了活动资源复杂性。

第四节　价值涌现结果：涌现价值

从涌现的结果来看，本书发现涌现价值是协调价值和适应价值的集合。需要指出的是，营销领域学者将顾客在使用产品（或服务）过程中创造的价值命名为使用价值（Grönroos and Voima，2013）；顾客在体验过程中产生的价值命名为体验价值（Akaka et al.，2015）。基于此命名原则，本书将数字化平台服务生态系统在涌现过程中生成的价值命名为涌现价值（Value-in-Emergence）。具体分析如下：

一、对内维持协调性维度：协调价值

协调价值是涌现价值对内维持协调性的维度体现，是指平台服务生态系统的基础生存能力（Beirão et al.，2017）。对内维持协调性维度是指涌现价值是平台服务生态系统作为一个"整体"，具有跨层次（微观、中观和宏观）调动系统资源的协调能力（Meynhardt et al.，2016）。该能力能够维持系统内部稳定地运作（Wieland et al.，2012）。依据操作性资源层级理论（Madhavaram and Hunt，2008）和异质性资源整合理论（Peters，2016）可知，涌现价值作为平台服务生态系统级别的高阶资源（IORs），是由不同的组合型资源（CORs）或者基础型资源（BORs）之间复杂的相互作用所形成的。因此，平台服务生态系统作为一个"整体"，围绕焦点活动整合自身内部所有资源生成涌现价值的过程中，需要考虑方面因素：①所需要的资源（CORs 或 BORs）的种类；②同等条件下，不同资源之间相互作用后发生涌现的效率。因此，本书将协调有效性（Effectiveness）和协调效率性（Efficiency）这两个副范畴归纳为协调价值这一主范畴内。协调有效性是指平台服务生态系统作为一个"整体"，围绕着焦点活动，能够有效地调动系统内微观、中观、宏观各层次资源的能力，可视为平台服务生态系统调动资源的精准性。协调效率性是指平台服务生态系统作为一个"整体"，围绕着焦点活动，协调系统内不同资源之间快速地发生相互作用。换言之，协调价值维度是指平台服务生态系统围绕着焦点活动，能够最快地调用最少的资源生成相应高阶资源的能力。因此，活动资源复杂性（即围绕焦点活动，系统内部资源之间相互作用的复杂性）会导致协调价值的涌现生成。具体来说，基于行动者网络理论（Latour，2005），大众点评平台企业作为平台服务生态系统的"代言人"，依托系统内部的大数据信息资源（API），能够精准地定位顾客或商家群体的需求。

　　例如，在本书案例中，"IR02-05-09：平台通过大数据运算将消费市场信息进行数据化处理（技术能力→向系统输入个体行动者的知识资源），将消费市场隐性的数据显性化（以点评活动为核心的资源之间相互作用具有复杂性→协调资源效率）……商家能够更加精准地进行市场判断和经营决策

（以点评活动为核心的资源之间相互作用具有复杂性→协调资源有效性）……商家对市场的把握有了数据'抓手'（资源依次跨微观、中观以及宏观整合→平台系统对市场的知识资源），能够把'无形'市场变成'有形'市场。"此时，将"无形"市场变成"有形"市场信息，是大众平台服务生态系统能够有效地跨层次（微观、中观和宏观）调用（资源跨层次性→协调价值）大规模的顾客偏好信息、商家经营信息等各种资源（活动资源互补性→协调价值）的体现。例如，"N01-01-07：大众点评基于用户的过往记录、生活偏好、当地天气等大数据（平台企业的技术能力→活动资源的时效性）（平台企业的技术能力→活动资源的互补性），为每个用户推荐和展示不一样的内容（资源时效性→协调价值）（活动资源互补性→协调价值），真正做到'千人千面，给你想要'（活动资源互补性→协调资源有效性）。"由此可见，活动资源互补性、资源跨层次性以及资源时效性都会影响大众点评平台服务生态系统作为一个系统级别资源整合者，对协调价值的涌现生成。

基于以上理论分析和文本分析，本书认为：

命题 7-4a：协调价值是涌现价值对内维持协调性的维度体现，是指数字化平台服务生态系统作为一个"整体"，能够跨层次（微观、中观和宏观）调动系统资源的能力。

命题 7-4b：价值涌现 T_1 阶段和 T_2 阶段，数字化平台服务生态系统通过异质性资源整合能涌现生成协调价值。协调价值是数字化平台服务生态系统的基础生存能力，可进一步划分为协调有效性和协调效率性这两个子维度。

二、对外保持进化性维度：适应价值

适应价值是涌现价值对外保持进化性维度的体现。这是平台服务生态系统作为一个"聚集行动者"（Holland，1998），具有自我学习，以适应外部环境

变化的能力。适应价值包括新制度涌现和系统生成性能力（T_2）这两个维度：①新制度涌现是指平台服务生态系统能够通过重新整合系统内部所有的资源，涌现生成新的系统价值主张、新规则、新共享信念等新制度。这些都是系统级别高阶资源（IORs），能够增加平台服务生态系统的资源基础。②系统生成性是价值涌现 T_2 阶段独有的价值，是指平台服务生态系统作为一个"整体"，能够围绕着系统级别新活动，不断地向其他生态系统（即外部环境）进行拓展的能力。

（一）新制度涌现

依据复杂适应系统理论（Holland，1998），涌现价值作为平台服务生态系统的涌现属性，具有全局性和恒新性特征（Waller et al.，2016；苗东升，2016）。本书发现在价值涌现 T_1 阶段，平台服务生态系统会围绕基础型活动，涌现生成系统级别新制度 A（下文以制度 A 来表示围绕基础型活动涌现生成的新规则）。在价值涌现 T_2 阶段，基于行动者网络理论（Latour，2005），平台企业作为平台服务生态系统的"代言人"，通过不断地开发系统级别新活动，以传达焦点主体平台服务生态系统的意愿，促进整个系统内资源的重新组合，进而涌现生成系统级别新制度 B（下文以制度 B 表示围绕系统级别新活动涌现生成的新规则）。这些新制度 A 和新制度 B 都是平台服务生态系统向系统内所有行动者提出的系统级别的价值主张。Frow 等（2014）认为，一个生态系统级别的价值主张是服务生态系统内所有行动者的"旅行目的"。换言之，新制度 A 和新制度 B 是在平台服务生态系统内的所有行动者自组织协作的共同目的。因此，本书认为新制度 A 和新制度 B 是由平台服务生态系统内，在微观、中观和宏观层次上的所有的行动者协作涌现生成的新价值。需要指出的是，涌现价值本身是一个不断地产生新价值的过程。因此，平台服务生态系统的系统级别价值主张（即新制度 A 或新制度 B）是动态发展的。

本书以大众点评案例为例，大众平台服务生态系统向整个生态系统内的行动者，基于点评分享活动（T_1），提出了系统级别的价值主张是"提供真实透明商家信息（制度 A_1）（材料来源 OI01 和 OI08）"，这是系统内所有行动者之间对等互动的行为准则。接着，大众点评平台于 2016 年推出了"发现品质生活（制度 A_2）"的品牌定位，这体现了大众点评平台服务生态系统内"消费者从价格敏感转向品质化消费迁移（材料来源 N01-01-03）"，即整个系统内行动者是追求更美好、更有品质的生活。此外，2017 年开始，大众点评平台服务生态系统基于系统内真实点评数据，不断地开发"必系列"新活动（T_2），分别提出了：2017 年"全国 50 家必吃餐厅"榜单的"好吃的真理掌握在多数人嘴里！（制度 B_1）"；2018 年"城市必吃餐厅"榜单的"跟着吃就对了！（制度 B_2）"；2019 年"必逛商场"榜单的"跟着逛就对了！（制度 B_3）"等，这些制度 B 都是由平台企业开发的"必系列"活动而涌现生成的。新制度涌现范畴体现在面对复杂变化的外部环境时，大众点评平台服务生态系统通过不断地自我学习和自我更新，进而生成了系统级别新高阶资源（IORs），以改善自身的资源基础。

（二）系统生成性

本书提炼了价值涌现 T_2 阶段独有的适应价值——系统生成性，它是指互联网技术的可供性（Nambisan et al.，2017）、生成性（Yoo et al.，2012）等特征，赋予了数字化平台服务生态系统作为一个系统级别资源整合者，具有无限创造的能力。换言之，系统生成性是平台服务生态系统在一个系统级别"整体"层次，依托大数据开发新系统级别的活动（T_2），不断地向其他生态系统（即外部环境）输出资源的体现。BU-3c→BU-5→TD-1→TD-2c→TD-3相互作用体现了本书的系统生成性范畴（见图6-3）。

在本书案例中，大众点评平台服务生态系统内个体行动者之间是基于点评分享活动（T_1）自组织协作的，随着系统开发"必吃榜"新活动（T_2），"必吃榜"能够带动除了"吃"以外其他产业的发展。例如，

"N13-03-10：'必吃榜'上榜商家有效带动了周边 500 米范围内购物、周边游、酒店、亲子品类（系统级别新活动→向外部环境输出资源）的流量增长。""IR02-16-01：随着越来越多商家入驻美团点评平台，线上运营管理人员需求不断增加（大众点评平台系统→增加就业人数）；IR02-17-04：美团点评线上营销收入从 2017 年的 47 亿元，增长到 2018 年的 94 亿元（涌现价值→平台企业的绩效）……产生了一批专业的'点评达人'（大众点评平台系统→创造新就业模式）"。这些都是数字化平台服务生态系统作为一个"整体"，从系统级别层次向外部环境输出资源的体现。此外，美团点评公司基于自身的"大众点评"平台服务生态系统带动了到店餐饮商家的交易量（线上点评分享生态系统→向线下餐饮生态系统输出资源），从而促进了整个供应链的线下就业，进而开发了"馒头直聘"人才就业生态系统（线上点评分享生态系统→向就业生态系统输出资源）和"快驴进货"物料供应生态系统（线上点评分享生态系统→向物料供应生态系统输出资源）。

基于以上理论分析和文本分析，本书认为：

命题 7-4c：适应价值是涌现价值对外保持进化性维度的体现，是指数字化平台服务生态系统作为一个"整体"，具有自我学习和自我调整以适应外部环境变化的能力。

命题 7-4d：适应价值包含新制度涌现和系统生成性这两个子维度。其中，价值涌现 T_1 阶段和 T_2 阶段，数字化平台服务生态系统通过异质性资源整合生成新制度涌现。系统生成性是价值涌现 T_2 阶段独有的适应价值子维度。

第五节　涌现价值通过向下因果力子系统实现资源控制

在价值涌现过程中，本节分析发现，向下因果力子系统为价值涌现的控制子系统，为平台服务生态系统价值涌现提供了控制机制。具体如图 7-2 和图 7-3 所示。

一、制度协调增加系统的稳定性

本书研究发现，在数字化平台服务生态系统内，行动者通过制度协调（Institutional Reconciliation）来生成共享的制度组合（即平台服务生态系统的内部环境）。依据复杂适应系统理论，平台服务生态系统的组成部分（即表 4-1 的行动者、相互作用和内部环境）之间只有彼此适应，才能在平台服务生态系统内得以生存。这个适应过程就是制度协调。制度协调可划分为制度稳定化努力（Institutional Stabilizing Efforts）和制度失调（Institutional Dissonance）这两种类型（Chandler et al.，2019）。事实上，制度协调是一个不断迭代的过程，如图 7-2 和图 7-3 所示，①在对等参与子系统内，个体行动者之间的对等互动共同生产了信息资源 BORs；②在向上因果力子系统内，平台服务生态系统围绕焦点活动，将对等参与子系统内海量的信息资源 BORs 整合，在活动资源复杂性和活动结构适应性的共同作用下，涌现生成了新制度（制度 A 或制度 B）；③这个新制度（制度 A 或制度 B）会与向下因果力子系统内已有的制度产生新的制度组合，即成为平台服务生态系统的内部环境资源；④新的制度组合可能被其他个体行动者接受或不接受，进而产生了新一轮的制度涌现。

这是因为平台服务生态系统内，行动者是基于自身目标导向参与互动的，这导致了行动者的观点、价值观、信念、利益等方面往往存在较大差异。他们可能支持现有的主流制度，也可能希望打破这些制度。

（一）制度稳定化努力

制度稳定化努力是指平台服务生态系统为了增加生态系统的稳定性，将已有的不同制度进行融合，或者对相互竞争的制度之间进行组合，进而增加平台服务生态系统的稳定性。这是一个不断递归的过程，以往平台服务生态系统基于焦点活动生成的新价值主张、新规则以及平台企业制定的新参与活动规范共同构成的声誉机制，在下一轮迭代过程中，都将发生进一步融合。因此，平台服务生态系统（涌现价值）能够通过制度稳定化强化系统内资源。

如图 6-3 所示，在平台服务生态系统内，制度稳定化可以分为三个类型，具体囊括了：①以对等参与子系统为核心而建立的声誉机制，即第六章的图 6-3 的 BU-1→BU-2→BU-3a/BU-3c→BU-5→TD-1 相互作用。例如，在大众点评平台上，大规模的顾客之间通过点评自组织协作，形成了一种共识——以往点评信息（API）是基于线下消费后再线上反馈的真实的商家信息，因此，商家的好评高则代表了被平台内大部分顾客所认可的。这体现了以对等参与子系统为核心而建立的声誉机制的制度稳定化。②平台服务生态系统上一轮价值涌现所生成的新制度，即图 6-3 的 BU-5→TD-1 相互作用。上一轮价值涌现所生成的新制度的稳定化是指，当焦点活动结束时，平台服务生态系统上一轮迭代产生的新制度 A 或新制度 B（即涌现价值）会成为系统内固有的制度，与系统内原有制度相结合生成新的制度组合（如 $A_1+A_2+\cdots+A_n$），在下一轮迭代过程中成为系统内部环境。以大众点评为例，一方面，在价值涌现 T_1 阶段，第一轮迭代过程中，涌现生成了"提供真实透明商家信息（制度 A_1）（材料来源 OI01 和 OI08）"。在第二轮迭代过程中，上一轮迭代生成的制度 A_1 会成为第二轮迭代过程中所固有的内部环境，成为大众点评平台服务生态系统内的行动者之间的共识（即第二轮迭代的初始值）。接着，第二轮迭代过程中，大众点评平台服务生态系统基于点评分享活动生成了"发现品质生活（制度 A_2）"这一新制度（即涌现价值）。在第三轮迭代过程中，涌现生成了"探店打卡是一种新的生活方式（制度 A_3）"这一新制度，此时，制度 A_1 和制度 A_2 成为内部环境里共享制度组合。另一方面，在价值涌现 T_2 阶段，大众点评系统开发了"必系列"新活动，分别涌现了，在 2017 年"全国 50 家必吃餐厅"榜单的"好吃的真理掌握在多数人嘴里！（制度 B_1）"；2018 年"城市必吃餐厅"榜单的"跟着吃就对了！（制度 B_2）"；2019 年"必逛商场"榜单的"跟着逛就对了！（制度 B_3）"等，这些制度 B 都是由平台企业开发的"必系列"活动而涌现生成的。以此类推，价值涌现过程是一个迭代的过程，上一轮迭代过程产生的新制度 A 或新制度 B，会成为下一轮价值涌现过程中已有的内部环境。③平台企业制定的参与活动规则，即图 6-3 的 BU-3b 相互作用。这是指平台企业在开发活动时明文规定的参与活动规则。这些规则能够约束个体行动者行为，是制度稳定化的另一种表现。例如，本书案例中《美团点评用户诚信公约》（材料来源 OI01）明确指出大众点评平台会依据相关规定，对违规造成不良影响的点评进行封号或扣分等处理，进而惩罚顾客和商家之间"虚假评论"违规行为（参与活动规则→约束对等互动）。这是基于平台企业第三方权威的生态系统治理。

（二）制度失调

制度失调是指服务生态系统内的制度之间存在着竞争、削弱和主导关系，使行动者对系统内的制度有不同的反应（Chandler et al.，2019）。制度失调可以划分为紧张状态和分歧状态。紧张状态是指行动者在当前共享的制度组合情境下，减少自身（在情感或认知上）的投入。这是个体行动者一种内部状态。例如，顾客不认可大众点评的"网红餐厅"和"必吃榜餐厅"的标准，认为是一种商家和平台共同合作的虚假宣传行为。分歧状态是指系统内两个或者两个以上的行动者（在情感或认知上）的投入是相互冲突的。与紧张状态不同，分歧状态下不涉及对当前共享的制度组合的不认可或不投入。例如，针对一家"必吃榜"餐厅，一部分顾客给予5星满分好评，认为跟着大众点评必吃榜吃就很对；另一部分顾客表示不认可该餐厅的服务，达不到"必吃榜"的标准，给予差评。此时，该部分顾客的差评是针对这个餐厅的服务而言的，不是针对大众点评平台服务生态系统的"必吃榜"的。

综上所述，平台服务生态系统在制度协调的共同作用下，生成了制度组合，以此约束或促进行动者（即平台企业和个体行动者）之间的适应性行为。正如本书案例，制度组合促进或约束对等行动者之间的适应性行为。"OR-BJ06-ID40：看点评里面好评很多专门来尝一下，很不错（好评多→促进线下消费后线上反馈）"。该案例中的线下消费后线上反馈行为是用户适应行为（即图6-3的OF-1→PE-1a或OF-2→PE-3a）的体现，这代表了平台服务生态系统内的制度组合促进个体行动者之间的互动。"N05-01-02：大众点评网上，用户好评和星级是商家美誉度的重要指标（对等参与子系统→涌现新制度→声誉机制），会影响到用户的选择（声誉机制→消费决策行为→线下交易额），因此大部分商家非常重视用户点评……出现了通过'虚假评论'刷一些好评（虚假评论→破坏了声誉机制，会产生制度失调）……大众点评网内部，有一个完全独立于业务团队，工作职责就是不断与作弊和炒作、虚假评论作斗争（出现破坏制度行为→平台企业做出反应）。"这表明了声誉机制作为行动者自生成的制度组合，能够促进个体行动者之间的对等互动，与此同时，也会有造成部分个体行动者违反或破坏声誉机制的行为。平台企业（即中介型行动者）会针对个体行动者破坏声誉机制的行为，采取相应措施来应对，以此维持对等参与子系统的良好运行。例如，"N04-01-02：面对虚假评论手段不断翻新，大众点评诚信团队不断迭代技术、更新措施（制度失调→平台企业更新措施、做出制度稳定化努力），严厉打击（制定新规则→约束虚假点评）……"因此，涌现价值通过向下因果力子系统的制度协调机制来控制系统内部的稳定性。

基于以上理论分析和文本分析，本书认为：

命题7-5a：价值涌现T_1阶段和T_2阶段，涌现价值通过向下因果力子系统的制度协调来控制系统内部的稳定性。其中，制度协调包括制度稳定化努力和制度失调这两个维度。

二、系统通过制度组合向外部环境输出资源

首先，如图7-2和图7-3所示，在微观层次上来看，平台服务生态系统通过制度组合（即内部环境）与个体行动者产生相互作用，促进个体行动者之间共创价值，进而实现向外部环境输出资源。该相互作用在图6-3表现为TD-1→TD-2a→TD-3a的相互作用。这是因为在对等参与子系统内，个体行动者是基于自身目标来整合资源以获得新的知识和技能，进而开发自身独有的操作性资源（Lin et al.，2019；Beirão et al.，2017）。因此，平台服务生态系统的内部环境成为了一种情境资源，被人类对等行动者所利用和整合（TD-2a），由此共创享乐价值和功能价值。具体来说，①个体行动者通过参与对等互动获得了自我娱乐、群体自我展示等享乐价值。例如，"N15-05-ID为小眼睛晶点评达人：'对我来说，点评是生活里最重要的部分之一，也是最熟悉的习惯'（对等互动→自我娱乐）。"这是指大众点评平台服务生态系统内的声誉机制赋予了贡献大的点评者以"点评达人"称号，在此情境下，点评用户可通过参与对等互动获得自我娱乐、群体自我展示等价值。例如，"N15-05-07：'探店'是点评圈术语（点评分享活动→涌现生成探店是一种新的生活方式制度A_3）。有人被'种草'后（学习互动→信息价值），就会忍不住冲过去探店'拔草'（涌现价值制度A_3→促进对等互动，分享探店体验→群体自我展示）"。"OR-SH01-ID188：……冲着'必吃榜'特地带老公来打卡的！（对等互动→群体自我展示）"这些是指大众点评平台系统的制度 A_3（即涌现价值）通过向下因果力来促进对等行动者分享"探店打卡"体验（人类行动者—人类行动者对等互动：分享互动），获得在点评圈内"探店打卡"的群体自我展示价值。②个体行动者通过对等互动获得了功能价值，包括信息价值、网红店社交价值以及经济价值。该功能价值是由个体行动者同时整合了数字平台 BORs、物理 BORs 和社会 BORs 这三个维度的资源以共创的价值。例如，"OR-SH03-ID16：感谢点评的存在（对等参与子系统→涌现新制度→声誉机制），让我不费脑子就能品尝到美食（学习互动→信息价值）……"，此时，OR-SH03-ID16 的点评者是服务体验者，大众点评平台系统内的行动者组合 API 作为一个非人类行动者，扮演着服务提供者的角色，因此学习互动是人类行动者—非人类行动者之间的对等互动。"OR-SH02-ID297：校友会聚餐订到了这里，看到是上海'必吃榜'。很开心（涌现新制度 B_2→内部环境→学习互动→网红店社交价值）"，"OR-SH01-ID32：大众点评抽中 158 元霸王餐抵用券，周末中午直接到店就入座了（学习互动→经济价值）……"。这些都体现了平台服务生态系统的涌现价值通过制度组合（即内部环境）来促进个体行动者共创价值，进而实现服务系统向外部环境输出资源。

其次，如图 7-2 和图 7-3 所示，在中观层次上来看，平台服务生态系统通过制度组合（即内部环境）与平台企业产生相互作用，以此增加平台企业绩效，进而实现向外部环境输出资源。该相互作用在图 6-3 表现为 TD-1→TD-2b→M 相互作用。本书发现平台企业的营销能力体现了平台服务生态系统向平台企业输出资源。这是因为当涌现价值生成后，适应价值（新制度 A 或新制度 B）会改变整个系统的资源基础，进而提升平台服务生态系统整体的声誉，最终增加了平台服务生态系统的品牌价值。这使作为平台服务生态系统的"代言人"——平台企业的营销能力得以增强。例如，"N13-03-02：三年来，'必吃榜'已成为找店效率第一的内容形式（新制度 B→平台企业营销能力）"。"OI10-06-03：……'黑珍珠餐厅指南''必吃榜'越来越受到消费者欢迎（新制度B→平台企业营销能力）……为我们推荐的商家带来更高销售额（平台企业营销能力→商家业绩）……我们以真实动态的消费者评论改善其产品供应（平台企业技术能力和营销能力→商家产品供应）。"

最后，如图7-2和图7-3所示，从宏观层次上来看，平台服务生态系统作为一个"整体"通过制度组合（即内部环境）与外部环境发生相互作用，向外部其他生态系统输出资源。该相互作用在图6-3的表现为TD-1→TD-2c→TD-3相互作用。本书发现平台服务生态系统通过价值涌现具有系统生成性（T_2），这使平台服务生态系统作为一个"整体"层次，具有较强的以对等参与为核心的声誉机制和高阶资源（即以往价值涌现迭代生成的系统新规则），进而实现与其他生态系统的战略合作。例如，在本书案例中："OI10-08-05：新冠肺炎疫情期间，我们为数百万名本地服务商家及数千万名从业者提供就业信息的对接服务……开放了20万个配送骑手就业岗位，以及面向校园及全社会范围内数千个其他就业岗位（大众点评平台服务系统→向就业生态系统输出资源）。""IR02-16-01：随着越来越多的商家入驻美团点评平台，线上运营管理人员需求不断增加（大众点评服务系统→增加就业人数）；IR02-17-04：美团点评……产生了一批专业的'点评达人'（大众点评平台服务系统→创造新就业模式）"。

基于以上理论分析和文本分析，本书认为：

命题7-5b：价值涌现T_1阶段和T_2阶段，涌现价值通过向下因果力子系统跨层次（微观、中观和宏观）向外部环境输出资源。

命题7-5c：价值涌现T_1阶段和T_2阶段，在微观层次上，涌现价值（即新制度涌现）通过制度组合与个体行动者产生相互作用，促进个体行动者之间共创价值，进而实现数字化平台服务生态系统向外部环境输出资源。

命题7-5d：价值涌现T_1阶段和T_2阶段，在中观层次上，涌现价值（即新制度涌现）通过制度组合与平台企业产生相互作用，以此增加平台企业绩效，进而实现数字化平台服务生态系统向外部环境输出资源。

命题 7-5e：价值涌现 T_2 阶段，在宏观层次上，涌现价值（即系统生成性）通过制度组合与外部环境发生相互作用，进而实现数字化平台服务生态系统向外部其他生态系统输出资源。

第八章

结论与讨论

第一节　研究结论

本书结合复杂系统和涌现理论（Holland，1998）、服务生态系统理论（Vargo and Lusch，2016）、操作性资源层级理论（Madhavaram and Hunt，2008）、异质性资源整合理论（Peters，2016）等，认为数字化平台服务生态系统的价值创造模式从"共创型"转向了"涌现型"。这是一种认识观的转变，是研究范式的转变，是在数字情境下以平台服务生态系统为载体的价值创造的新进化。价值涌现是数字化平台服务生态系统对涌现价值的创造过程。涌现价值（Value-in-Emergence）是由对等参与、向上因果力以及向下因果力三个子系统的非线性相互作用涌现生成的，是属于数字化平台服务生态系统所独有的高阶资源。本书选择了大众点评平台服务生态系统展开嵌套式案例研究，结合了基于行动者网络理论改进的网络志方法（Lugosi and Quinton，2018）和多元扎根理论（Goldkuhl and Cronholm，2010，2018），将大众点评平台服务生态系统进一步划分为相互独立但又相互联系的2×2（即2个行动者网络×2个价值涌现阶段）研究单元，进而从时间、跨层次（微观、中观和宏观）多角度来分析价值涌现过程，以此揭示价值涌现机理和涌现价值的维度。主要研究结论如下：

1. 价值涌现是数字化平台服务生态系统价值创造的新模式

本书认为，价值涌现是指数字化平台服务生态系统对涌现价值的创造过程。涌现价值是指在数字化平台服务生态系统内，行动者（部分）与系统（整体）通过部分—部分相互作用、部分—整体相互作用以及整体—部分相互作用而迭代生成的新资源。这三种相互作用依次对应着数字化平台服务生态系统的对等参与子系统、向上因果力子系统以及向下因果力子系统。与人们所认为的"共创型"价值创造模式相比，"涌现型"价值创造模式体现了在数字情境下平台服务生态系统价值创造的复杂性及涌现性，具体如表8-1所示。

表8-1　数字化平台服务生态系统的价值涌现：复杂性及涌现性

维度	概念界定		具体内容
复杂性	复杂性是指平台服务生态系统价值创造过程中"部分"与"整体"的相互作用具有复杂性	对等参与子系统	价值涌现的启动基础，是其部分—部分相互作用的体现
			对等参与是一个服务提供者与服务体验者连续性互动过程，能持续为平台服务生态系统输入资源
			服务提供者既可以是人类行动者（P），又可以是技术、流程等非人类行动者（API），还可以是两者的行动者组合（APPI）
			非人类行动者在对等参与子系统中的地位越来越重要
		向上因果力子系统	价值涌现的动力，是部分—整体相互作用的体现
			平台企业与平台服务生态系统的相互作用是指平台企业基于复杂系统内大数据资源，通过技术支持、营销推广和开发新活动来促进对等参与的成功
			对等参与子系统与平台服务生态系统的相互作用是指对等行动者在共创价值的过程中，会生产很多副产品（如文本、图片等），进而为数字化平台服务生态系统输入了新资源

续表

维度	概念界定		具体内容
复杂性		向下因果力子系统	价值涌现的控制子系统，是整体—部分相互作用的体现
			涌现价值是一个强涌现结果，具有向下因果力
			涌现价值通过内部环境（即行动者自生成的制度组合），对系统内的行动者和资源自上而下地进行筛选
涌现性	涌现性是指价值是平台服务生态系统的涌现属性		涌现价值具有全局性、恒新性、显现性以及连贯性特征，是系统级别的新资源
			价值不再局限于产品或服务的"使用"过程中产生的现象学属性。价值还可以是平台服务生态系统的各子系统之间跨层次（微观、中观和宏观）"互动"过程中产生的涌现属性

资料来源：笔者绘制。

（1）数字化平台服务生态系统价值创造的复杂性：系统内的相互作用具有复杂性，是跨层次（微观、中观和宏观）非线性迭代的。平台服务生态系统价值创造的复杂性是指作为一个复杂适应系统，平台服务生态系统的价值是由对等参与子系统、向上因果力子系统以及向下因果力子系统的非线性相互作用的涌现生成的。简言之，价值涌现是一个非线性迭代反馈的过程。非线性是指当两个主体具有因果关系时，一个主体的变化引起了另一个主体不成固定比例的变化。迭代反馈是指系统每一次涌现过程产生的结果，都会成为下一轮迭代的初始值。复杂适应系统的迭代反馈具有初始条件敏感性和路径依赖特性（Schneider and Somers，2006）。这导致了复杂系统每一轮迭代的末态都是独一无二的。因此，在平台服务生态系统内，每一次由系统各组成部分涌现生成的新价值，都是以往各组成部分所没有的涌现属性（Emergent Property）。这实现了数字化平台服务生态系统对系统内的资源和行动者的动态的选择和适应。由此可知，平台服务生态系统价值创造过程中的"部分"与"整体"的相互作用具有复杂性，具体如图8-1所示。第一，对等参与子系统是价值涌现的启动基础，对等行动者在互动中共创价值的同时，通过部分—部分相互作用为数字化平台服务生态系统注入了大规模的资源。第二，向上因果力子系统是价值涌现的动力，此时，数字化平台服务生态系统是一个系统级别资源整合者，能够整合系统内所有的操作性资源（即 BORs 和 CORs），通过部分—整体相互作用的非线性动力，自组织涌现生成了涌现价值。涌现价值是属于平台服务生态系统所独有的高阶资源（IORs）。第三，向下因果力子系统是价值涌现的控制子系统，平台服务生态系统通过涌现价值的向下因果力作用，有助于约束和促进其行动者的行为。因此，与基于价值共创理论的平台用户—平台的行动者组合动态互动创造价值（Ramaswamy and Ozcan，2018a）、资源整合者—资源提供者二元互动创造价值（Vargo and Lusch，2016）研究相比，本书价值涌现观点体现了：在平台服务生态系统价值创造过程中，互动不仅是资源整合者—资源提供者二元互动，还是资源跨层次（微观、中观和宏观）的相互作用，即互动是具有复杂性的。简言之，价值是在部分—部分相互作用、部分—整体相互作用以及整体—部分相互作用的迭代过程中涌现生成的。

（2）数字化平台服务生态系统价值创造的涌现性：价值是涌现属性，是系统级别新资源。涌现价值是一个系统级别的新资源（IORs）。现有价值共创理论认为价值是在产品或服务的"使用"过程中，由资源受益人所决定的独一无二的现象学体验（Vargo and Lusch，2016）。该价值概念一直是以人为核心的。然而，在数字化平台服务生态系统内，平台组织不直接参与对等互动，提供的全新业务既不是产品，又不是服务（Tiwana，2013），而是为对等行动者的需求和资源之间提供了一个基于生态系统的"互动"（Ramaswamy and Ozcan，2018a），这不符合现有文献基于使用价值的共创理论假设。本书涌现价值是将平台服务生态系统视为一个"整体"，此时，价值是一个系统级别的涌现属性[①]；具有全局性、恒新性、显现性和连贯性特征（Goldstein，1999）；

---

① 涌现属性是指涌现形成"新整体"的过程中所诞生的新现象、新结构或新概念等（Bhaskar，2008）。复杂系统的每个层次上被观察到的现象，都会呈现较低层次上所不具有的复杂性。然而，只有在特定层次上具有了系统级别的性质，才被称为涌现属性（Capra and Luisi，2014）。因此，基于价值涌现模式，本书认为数字化平台服务生态系统作为一个"整体"涌现创造的价值是一个涌现属性，是系统级别的新资源。

是系统各"部分"（即行动者、内部环境以及相互作用）之间非线性相互作用所产生的以往"部分"所没有的涌现属性。

依据复杂适应系统理论（Holland，1998）、操作性资源层级理论（Madhavaram and Hunt，2008）和行动者网络理论（Latour，2005），本书认为价值涌现是指平台服务生态系统作为一个系统级别的资源整合者①，以平台企业为其"代言人"，能够有意识地、持续性地以及熟练地开发系统内新资源（即涌现价值）的能力。这是平台服务生态系统保持自身竞争优势的关键所在。这要求：①平台服务生态系统拥有较高水平的隐性知识。每一次对等互动产生的副产品（如图片、文本等）都是顾客（即个体行动者）输入到平台服务生态系统的信息资源（BORs）。平台服务生态系统作为一个"整体"，能够将系统内部大规模的信息资源（BORs）进一步整合为顾客的行为、偏好等方面的知识资源（BORs 或 CORs）。此时，这些知识资源（BORs 或 CORs）构成了平台服务生态系统的隐性知识。②涌现价值是平台服务生态系统系统地和有计划地学习和积累的成果。③涌现价值作为系统级别高阶资源（IORs），需要经过很长时间的开发。④涌现价值能够有效地促进对等互动、提升平台企业的营销能力以及增强数字化平台服务生态系统的声誉。

2. 价值涌现是两个阶段和三种机制不断迭代的过程

本书基于复杂系统思维，研究发现：如本书图 7-2、图 7-3 和图 8-1 所示，价值涌现是平台服务生态系统内的两个阶段×3 种机制不断迭代的过程。价值涌现具有两个阶段（即以基础型活动为核心的 T_1 阶段和以系统级别新活动为核心的 T_2 阶段）。数字化平台服务生态系统涌现价值的创造机制和维持机制是有差异的。一方面，平台服务生态系统通过"对等参与启动机制"和"向上因果力动力机制"涌现生成新价值（即涌现价值）；另一方面，涌现价

---

① 依据行动者网络理论，此时数字化平台服务生态系统被视为非人类主体，具体分析请见本书第五章。

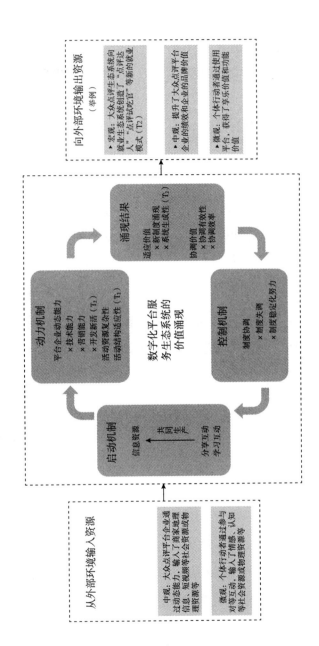

图 8-1 数字化平台服务生态系统的价值涌现机理

资料来源：笔者绘制。

值通过"向下因果力控制机制"（即制度协调）约束和促进个体行动者之间互动，进而维持平台服务生态系统内部的稳定性，以此保持自身的连贯性（Goldstein，1999）。总体而言，如图 8-1 所示的 2 个阶段×3 种机制不断迭代涌现生成价值的过程正是数字化平台服务生态系统内非线性互动机制。具体分析如下。

从价值涌现阶段来看，平台服务生态系统的涌现价值是由以基础型活动为核心的 T_1 阶段和以系统级别新活动 T_2 阶段的迭代过程。如本书第七章的图 7-1 所示，上一轮的价值涌现 T_1 阶段是下一轮价值涌现 T_2 阶段的基础。Adner（2017）的"生态系统作为结构"战略理论指出：大部分生态系统是隐性且潜在的，只有为了实现新价值主张开展新活动（即焦点活动），面临变化需求的时候，生态系统结构的作用才会显现出来。此时，结构是指为了实现价值主张采取的活动之间的相互作用。基于此，本书发现平台服务生态系统的价值涌现是以焦点活动为核心而展开的异质性资源整合，该焦点活动可划分为两类：①基础型活动。这是平台服务生态系统赖以生存的基础活动，是系统内对等行动者之间最原始的自组织协作活动。例如，本书大众点评平台服务生态系统案例中的点评活动。本书将以基础型活动为核心的价值涌现过程划分为 T_1 阶段。②系统级别新活动。该活动是指平台企业依托于系统内现有的基础型活动所产生的大数据，不断地开发出系统级别新活动。当系统级别新活动被开发了，平台服务生态系统的结构才会如 Adner（2017）所述的显现出来。具体来说，该系统级别新活动的特点是：以基础型活动生成的信息资源为基础，平台企业结合自身的市场知识和大数据处理能力，开发了能够实现"自上而下"引导个体行动者互动的活动。本书将以系统级别新活动为核心的价值涌现过程划分为 T_2 阶段。例如，本书大众点评案例的"必吃榜"活动、"必逛榜"活动等，这些活动是大众点评平台企业依据以往海量的点评数据（即价值涌现 T_1 阶段）开发了相关模型，深度分析数据后获得的系统隐性知识。由此，大众点评平台企业以"必系列"活动为大众点评平台服务生态系统的权威榜单，实现了系统内"自上而下"的引流（即点评平台服务生态系统"必吃榜"声誉影响个体行动者的消费决策）和系统作为"整体"向其他生态系统输出资源（即大众点评平台生态系统创造了"点评达人""试吃官"等新型就业模式，以此向就业生态系统输出了资源）。

从价值涌现机制来看，首先，对等参与子系统为服务生态系统的价值涌现提供了启动机制。个体行动者通过对等互动为平台服务生态系统输入多样的基础操作性资源（BORs）（Madhavaram and Hunt，2008），是价值涌现的部分—部分相互作用的体现。个体行动者作为平台服务生态系统内的组成部分，是具有适应性的，能够在互动过程中自主性学习（Hollebeek et al.，2019）。基于操作性资源层级理论，一方面，对等互动能够将外部环境资源（物理基础资源、社会基础资源等）输入到平台服务生态系统内。这是因为互联网技术具有资源液化（Resource Liquefaction）的能力（Lusch and Nambisan，2015）。该能力是指互联网技术可以将信息从任何物理形式中分离出来，这种数字技术的解耦能力，能够释放出巨大的创造力（Tilson et al.，2010），实现将外部环境资源转化为信息基础资源的形式输入到平台服务生态系统内（Singaraju et al.，2016；Madhavaram and Hunt，2008）。另一方面，对整个平台服务生态系统来说，每一次对等互动都是个体行动者在为平台服务生态系统共同生产信息资源。由此，在数字情境下，大规模的对等互动能够为平台服务生态系统协作生产海量的信息基础资源。需要指出的是，信息是为平台企业的模块化功能（即对话、点赞、分享等流程或接口功能）提供价值的货币（Singaraju et al.，2016），使"信息+流程"或"信息+接口"（即本书第六章图 6-2 的"A+P"或"A+I"）具有了大规模协作效应，赋予了其作为对等参与子系统的信息资源属性（Singaraju et al.，2016；Madhavaram and Hunt，2008），即完成了将外部环境资源转化成信息资源（API）。简言之，个体行动者之间共创价值行为是平台服务生态系统价值涌现的启动基础。

其次，向上因果力子系统的异质性资源整合是价值涌现的动力机制。该子系统体现了平台服务生态系统内的部分—整体相互作用。平台服务生态系统作为一个"整体"，是一个系统级别资源整合者，能够围绕焦点活动，整合系统内资源来涌现生成系统级别的新价值。与此同时，在这个过程中，平台企业作为平台服务生态系统的"代言人"，其动态能力（即技术能力、营销能力和开发系统新活动能力）是平台企业向平台服务生态系统持续输入资源的能力。具体来说，本书研究发现了在向上因果力子系统内有两类相互作用的复杂性：①活动资源复杂性。活动资源复杂性是指围绕某个焦点活动，平台服务生态系统作为一个"整体"，从活动资源互补性、资源时效性以及资源跨层次性三个方面整合系统内的资源，涌现生成新价值。本质上，活动资源复杂性体现了在异质性资源整合过程中，针对同一个焦点活动，资源之间的相互作用具有复杂性。活动资源复杂性同时存在于价值涌现的 T_1 阶段和 T_2 阶段。平台企业的动态能力能够促进平台服务生态系统的活动资源复杂性。②活动结构适应性。活动结构适应性是指在价值涌现 T_2 阶段，在平台服务生态系统内，围绕着系统级别目标相互嵌套的不同种类活动（基础型活动和系统级别新活动）之间的相互作用具有复杂性。此时，平台企业作为平台服务生态系统的"代言人"，具有开发新活动的动态能力。平台企业依托着以往大数据，不断地开发系统级别的新活动（T_2），与平台的基础型活动（T_1）相互作用下，共同涌现生成新价值。需要注意的是，在价值涌现 T_2 阶段，平台服务生态系统内基础资源（即 BORs）可能没有发生改变。然而，平台服务生态系统能够围绕系统级别新活动，通过异质性资源整合实现在更高层次水平上的结构或资源之间的相互作用发生改变，涌现生成新价值，以此实现在系统内增加新资源（IORs）。以本书案例的"必吃榜""必逛榜"等活动为例，在开发"必吃榜""必逛榜"等过程中，大众点评平台没有改变既有的基础资源（即平台上点评信息内容、发布时间），而是通过不断地重新组合既有的基础资源（即整合了城市信息、餐厅点评信息、菜系点评信息、街道点评信息等），展开了城市"必吃榜""必逛榜"等一系列的新活动，涌现生成了"跟着吃就对了！""跟着逛就对了！"等新制度（即涌现价值）。这表明平台企业能够通过开展（新的）异质性资源整合活动，不断地（重新）整合平台生态系统内现有资源（BORs），涌现生成新高阶资源（IORs）。

最后，向下因果力子系统内的制度协调是价值涌现的控制机制，这体现了平台服务生态系统内整体—部分的相互作用。依据异质性资源整合理论（Peters，2016），在异质性资源整合过程中生成的涌现属性是具有分化特征的。该特征表明平台服务生态系统涌现价值的创造和维持机制是具有差异的。如果没有合适的支撑结构（即内部环境），涌现价值就无法长时间内保持稳定，进而实现对个体行动者产生影响。本书研究发现，在涌现价值实施向下因果力过程中，制度组合作为平台服务生态系统内部环境，能够约束和促进行动者之间的适应性行为；与此同时，在平台服务生态系统内，行动者通过制度协调来生成新的共享的制度组合（即内部环境）。依据复杂适应系统理论，数字化平台服务生态系统的组成部分（即本书第四章表4-1的行动者、相互作用和内部环境）之间只有彼此适应，才能在平台服务生态系统内得以生存。这个适应过程就是制度协调（Chandler et al.，2019）。

事实上，制度协调是一个不断迭代的过程：如图8-1所示，①在对等参与子系统内，个体行动者之间的对等互动共同生产了信息资源BORs；②在向上因果力子系统内，平台服务生态系统围绕着焦点活动，将对等参与子系统内海量的信息资源BORs整合，在活动资源复杂性和活动结构适应性的共同作用下，涌现生成了新制度；③这个新制度会与向下因果力子系统内已有的制度产生新的制度组合，即成为平台服务生态系统的内部环境资源；④新的制度组合可能被其他个体行动者接受或不接受，进而产生了下一轮的新制度涌现（即涌现价值）。这是因为在平台服务生态系统内，行动者是基于自身目标导向参与互动的，这导致了行动者的观点、价值观、信念、利益等方面往往存在较大差异。他们可能支持现有的主流制度，也可能希望打破这些制度。

据此，平台服务生态系统作为一个"整体"，会通过制度协调（包含制度稳定化努力和制度失调）增加系统内的制度组合稳定性。制度稳定化努力是指平台服务生态系统为了增加生态系统的稳定性，将已有的不同制度进行融合，或者对相互竞争的制度之间进行组合，进而增加平台服务生态系统的稳定性。这是一个不断递归的过程，以往平台服务生态系统基于焦点活动生成的新价值主张、新规则以及平台企业制定的新参与活动规范共同构成的声誉机制，在下一轮迭代过程中，都将发生进一步融合。因此，平台服务生态系统（涌现价值）通过制度稳定化能够强化系统内资源。制度失调是指平台服务生态系统内的制度之间存在着竞争、削弱和主导关系，使行动者对系统内的制度有不同的反应（Chandler et al.，2019）。具体可以划分为紧张状态和分歧状态这两个维度。紧张状态是指行动者在当前共享的制度组合情境下，减少自身（在情感或认知上）的投入。这是个体行动者的一种内部状态。例如，在本书案例中，顾客不认可大众点评的"网红餐厅"和"必吃榜餐厅"的标准，认为是一种商家和平台共同合作的虚假宣传行为。分歧状态是指系统内两个或者两个以上的行动者（在情感或认知上）的投入是相互冲突的。与紧张状态不同，分歧状态下不涉及对当前共享的制度组合的不认可或不投入。例如，在本书案例中，针对一家"必吃榜"餐厅，一部分顾客给予 5 星满分好评，认为跟着大众点评"必吃榜"吃就很对；另一部分顾客表示不认可该餐厅的服务，达不到"必吃榜"的标准，给予差评。此时，该部分顾客的差评是针对这个餐厅的服务而言的，不是针对大众点评平台服务生态系统的"必吃榜"的。由此可知，平台服务生态系统在制度协调的共同作用下，不断对新制度涌现过程中产生的涌现价值进行筛选和强化，形成新的制度组合（即内部环境），以约束或促进行动者（即平台企业和个体行动者）之间的适应性行为。这表示新制度涌现（即涌现价值）本身是平台服务生态系统内一种动态的适应过程。

3. 涌现价值是由协调价值和适应价值组成的集合

在涌现的结果方面，本书发现涌现价值是协调价值和适应价值这两个维度的集合。具体如图8-2所示。

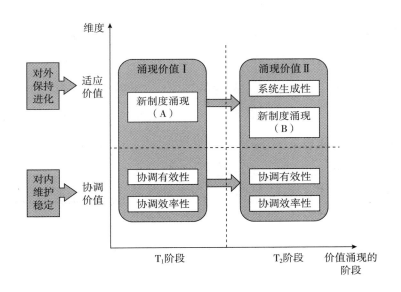

图8-2 涌现价值是协调价值和适应价值的集合

注：为了读者更好地理解"涌现价值是一个集合"，本书在图8-2内做出了涌现价值Ⅰ和涌现价值Ⅱ的划分。需要注意的是，T₁阶段生成的涌现价值Ⅰ是T₂阶段生成的涌现价值Ⅱ的基础。涌现价值Ⅰ和涌现价值Ⅱ代表了涌现价值在特定价值涌现阶段的特定状态，这两者不是独立分割的关系。

资料来源：笔者绘制。

（1）协调价值是涌现价值对内维持协调性的维度体现，是平台服务生态系统的基础生存能力（Beirão et al.，2017）。换言之，协调价值是平台服务生态系统作为一个"整体"，能够跨层次（微观、中观和宏观）调动系统资源的协调能力（Meynhardt et al.，2016），以此维持系统内部稳定地运作（Wieland et al.，2012）。这是涌现价值不可或缺的部分。协调价值可进一步划分为协调有效性和协调效率性两个维度。①协调有效性是指平台服务生态系统作为一个"整体"，围绕着焦点活动，能够有效地调动系统内微观、中观以及宏观各层次资源的能力，可视为平台服务生态系统调动资源的精准性。②协调效率性是指平台服务生态系统作为一个"整体"，围绕着焦点活动，协调系统内不同资源之间快速地发生相互作用。换言之，协调价值维度是指平台服务生态系统围绕着焦点活动，能够最快地调用最少的资源生成相应高阶资源的能力。

（2）适应价值是涌现价值对外保持进化性维度的体现，其目的是增加系统作为"整体"的资源基础。这是平台服务生态系统作为一个"整体"，具有自我学习和自我进化以适应外部环境变化的能力。具体来说，适应价值可进一步划分为新制度涌现和系统生成性能力（T_2）这两个维度。

新制度涌现是指平台服务生态系统能够通过重新整合系统内部所有的资源，涌现生成新的系统价值主张、新规则、新共享信念等新制度。这些新制度都是系统级别高阶资源（IORs），能够增加平台服务生态系统作为"整体"的资源基础。基于行动者网络理论（Latour，2005），平台企业作为非人类行动者平台服务生态系统的"代言人"，通过不断地开发系统级别新活动，以传达平台服务生态系统的意愿，促进整个系统内资源的重新组合，进而涌现生成系统级别新资源（即新制度涌现）。这是平台服务生态系统向系统内所有行动者提出的系统级别的价值主张，是整个生态系统内所有行动者自组织协作的共同目的（即新制度）（Frow et al.，2014）。因此，平台服务生态系统的系统级别价值主张（即本书第七章分析时的新制度 A 或新制度 B）是动态发展的。以本书大众点评案例为例，自 2017 年以来，大众点评平台服务生态系统基于系统内真实点评数据，不断地开发"必系列"新活动（T_2），分别提出了：2017年"全国 50 家必吃餐厅"榜单的"好吃的真理掌握在多数人嘴里！（新制度

B_1）"；2018 年"城市必吃餐厅"榜单的"跟着吃就对了！（新制度 B_2）"；2019 年"必逛商场"榜单的"跟着逛就对了！（新制度 B_3）"等，这些新制度 B 都是由平台企业开发的"必系列"活动而涌现生成的。本书的新制度涌现范畴体现了在面对复杂变化的外部环境时，平台服务生态系统通过不断地自我学习和自我更新的能力。

系统生成性是价值涌现 T_2 阶段独有的适应价值，是指平台服务生态系统作为一个"整体"，依托大数据开发新系统级别的活动（T_2），不断地向其他生态系统（即外部环境）进行拓展的能力。这是互联网技术的可供性（Nambisan et al.，2017）、生成性（Yoo et al.，2012）等特征，赋予了平台服务生态系统作为一个系统级别资源整合者具有无限创造的能力。

4. 平台服务生态系统通过制度组合能够跨层次向系统外部环境输出资源

从资源输出关系方面来看，涌现价值的向下因果力本质上体现了平台服务生态系统作为一个"整体"，能够跨层次（微观、中观和宏观）向系统外部环境输出资源。

如本书图 8-1 和图 6-3 所示，在微观层次上，涌现价值（即新制度涌现）通过制度组合（即内部环境）与个体行动者产生相互作用，由此促进了对等行动者之间共创价值，进而实现数字化平台服务生态系统向外部环境输出资源。这体现了数字化平台服务生态系统作为一个"整体"向"部分"（即对等行动者）输出资源。具体来说，在平台服务生态系统内，对等行动者基于自身目标来整合资源获得新的知识和技能，进而开发自身独有的操作性资源（Lin et al.，2019；Beirão et al.，2017）。因此，平台服务生态系统的制度组合成为一种情境资源，被对等行动者利用和整合，进而生成享乐价值和功能价值。

如本书图 8-1 和图 6-3 所示，在中观层次上，涌现价值（即新制度涌现）通过制度组合与平台企业产生相互作用，以此增加平台企业绩效和平台企业的品牌价值，进而实现数字化平台服务生态系统向外部环境输出资源。这体现了数字化平台服务生态系统作为一个"整体"向"部分"（即平台企业）输出资源。具体来说，当涌现价值生成后，新制度涌现会改变整个系统的资源基础，提升了平台服务生态系统整体的声誉。这使平台企业作为平台服务生态系统的"代言人"，其营销能力得以增强，最终提升了平台企业绩效以及平台企业的品牌价值。

如本书图 8-1 和图 6-3 所示，在宏观层次上，涌现价值（即系统生成性）通过制度组合与外部环境发生相互作用，实现数字化平台服务生态系统向外部其他生态系统输出资源。这体现了平台服务生态系统作为一个"整体"向"整体"（即其他生态系统）输出资源。具体来说，数字平台服务生态系统通过价值涌现生成了系统生成性（T_2）。系统生成性是指平台服务生态系统作为一个"整体"，具有较强的声誉机制，能够依托大数据开发新系统级别的活动（T_2），实现与其他生态系统战略合作，由此不断地向其他生态系统（即外部环境）输出资源。例如，在本书案例分析中，大众点评平台服务生态系统向就业生态系统输出了"点评达人""试吃官""必系列打卡探店族"等新就业模式。

第二节　理论贡献

本书运用复杂适应系统的理论逻辑、思维和方法去看待、理解和分析数字化平台服务生态系统的价值创造，从而实现了数字化平台服务生态系统条件下价值创造研究范式的转向——从"价值共创"范式转向"价值涌现"范式，深化了平台经济条件下价值创造的研究。研究结果比较具有新意，具体体现为三个方面。

1. 提出了涌现型价值创造的新模式

尽管营销学者 Vargo 等（2017）、Vargo 和 Lusch（2018）、Polese 等（2020）已经提出应该利用复杂系统理论，从复杂性的视角来审视价值共创理论研究。然而，目前这些研究尚处于对复杂系统、涌现等概念的引入和描述阶段，尚未有学者实际地将复杂系统理论与服务生态系统理论相融合，对数字化平台服务生态系统的价值创造过程进行分析。而本书则响应了 Vargo 等的倡导，深入地研究了这一问题，提出了数字化平台服务生态系统价值创造的新模式——价值涌现。正如苗东升（2016）所强调的"要将复杂性当作复杂性对待"，价值涌现模式揭示了数字化平台服务生态系统价值创造的复杂性及涌现性，是在互联网情境下以数字化平台服务生态系统为载体创造价值的新进化。与"共创型"价值创造模式研究相比，本书的"涌现型"价值创造模式有以下三个推进之处：

第一，价值创造的结果从平台服务生态系统的"组成部分"转向了平台服务生态系统"整体"。在价值涌现模式下，平台企业、顾客、数字技术等都是数字化平台生态系统作为"整体"的特定的"组成部分"。价值共创模式条件下的使用价值、情境价值、体验价值等都是"组成部分"获得的价值，本书的涌现价值是指数字化平台服务生态系统在涌现过程中创造的价值。因此，价值涌现模式强调了数字化平台服务生态系统"整体"创造的价值具有涌现性。

第二，价值创造的载体从"平面的网状关系"转向了"复杂系统关系"。在价值共创模式下，研究者将平台视为一个为个体行动者提供资源配置网络的工具，进而将数字化平台服务生态系统视为能够提供构建多个行动者网络的解决方案（Fehrer et al.，2018）。这导致研究者在探索数字化平台服务生态系统价值创造过程中，聚焦于同一平面世界内的价值创造实践。与之相比，价值涌现模式是基于复杂系统视角下，着重探讨"部分"与"整体"之间复杂的关系，进而聚焦于系统内以焦点活动为核心的非线性互动（即跨微观、中观以及宏观层次的迭代）。价值涌现模式认为数字化平台服务生态系统作为一个复杂适应系统，需要考虑个体行动者互动以外的行动者与环境之间的跨层次（微观、中观和宏观）的非线性相互作用。一方面，涌现价值是由系统部分——部分相互作用（即个体行动者之间互动）、部分——整体相互作用（即系统内"自下而上"的纵向互动）以及整体——部分相互作用（即系统内"自上而下"的纵向互动）不断跨层次迭代的结果。另一方面，在数字化平台服务生态系统内，个体行动者不仅会受到平台服务生态系统内部环境（即制度逻辑）的影响（即个体行动者与内部环境发生了相互作用），还会通过对等互动将外部环境资源输入到平台服务生态系统内（即个体行动者与外部环境发生了相互作用）。因此，基于价值涌现模式，研究者需要意识到数字化平台服务生态系统内的关系是具有复杂性和涌现性的。

第三，价值创造模式的基本假设从静态基本假设转向了动态基本假设。Vargo 等（2017）明确指出，主流营销学理论是建立在稳定和缺乏变化的假设上，相关基本假设是静态和机械性的，不能为理解复杂多变的日常生活提供具有现实意义的方法。基于复杂适应系统理论视角，价值涌现模式是建立在"数字化平台服务生态系统作为一个'整体'，其价值是从'部分'与'整体'之间相互作用的迭代反馈中涌现生成的"这一动态假设基础上的。由此，价值涌现模式克服了主流价值共创模式的静态假设，揭示了在数字化平台服务生态系统价值创造过程中跨层次相互作用的复杂性及涌现性。因此，价值涌现模式拓展了学者对动态营销学理论的研究，丰富了 Vargo 等（2017）、Vargo 和 Lusch（2018）、Polese 等（2020）学者所倡导的动态营销理论观。

2. 揭示了价值涌现机理和剖析了涌现价值的维度

首先，本书率先引入了复杂适应系统"涌现属性"的"向上因果力"和

"向下因果力"等思想，并利用其分析和揭示了数字化平台服务生态系统的价值涌现机理：价值涌现是在数字化平台服务生态系统内，行动者（部分）与系统（整体）在两个阶段（以基础型活动为核心的 T_1 阶段和以系统级别新活动为核心的 T_2 阶段）中，通过三种相互作用（部分—部分相互作用、部分—整体相互作用以及整体—部分相互作用）不断迭代生成价值的过程。这一研究在营销学的平台和服务生态系统的研究领域第一次从复杂适应系统的视角尝试探索了数字化平台服务生态系统的价值创造机理问题，虽然本书的研究不是那么完善，但是本书的结论为后人研究这一重要问题积累了一定的素材和思想。

其次，在探讨价值涌现机理的过程中，深入剖析了涌现价值的维度。具体来说，本书研究发现涌现价值是"协调价值"和"适应价值"这两个维度构成的集合。价值共创理论学者已初步探讨了"协调价值"维度。Beirão 等（2017）和 Wieland 等（2012）认为，服务生态系统价值是系统的生存能力，即协调系统内资源之间和谐互动的能力。然而，本书在分析价值涌现机理过程中，又进一步发现数字化平台服务生态系统作为一个"整体"，系统的生存能力不仅是对内维持协调运作的能力（即"协调价值"），还是对外能够保持共同进化的能力（即"适应价值"）。因此，本书又进一步发现并提炼了"适应价值"维度。由此，本书提出了新观点——涌现价值是由"协调价值"和"适应价值"这两个维度共同构成的集合。最为重要的是，本书的"适应价值"新维度强调了在价值涌现 T_2 阶段，平台服务生态系统在系统内基础资源维持不变的情况下，能够通过改变现有基础资源之间的互动复杂性，涌现生成系统级别新价值（即新制度涌现和系统生成性），进而实现增加系统本身（即作为一个"整体"）资源基础的目的。这使平台服务生态系统在应对复杂多变的外部环境时具有自我进化的能力。因此，本书适应价值维度研究进一步深化和拓展了服务生态系统价值的理论研究。

3. 补充了数字化平台服务生态系统的双重性研究

本书价值涌现模式补充了平台服务生态系统的双重性研究，丰富了现有服务生态系统、服务平台和行动者参与三元理论框架。现有服务生态系统、服务平台和行动者参与三元理论框架（Lusch and Nambisan，2015；Breidbach et al.，2014）已明晰：服务生态系统（即宏观）内微观层次的个体行动者和中观层次的平台都具有两种类型，分别是：在微观层次上，个体行动者可以划分为人类行动者和非人类行动者；在中观层次上，平台可划分为在管理意义上的平台企业和在价值创造意义上的服务平台。然而，鲜有研究针对宏观层次的服务生态系统双重性展开理论讨论。

在现有服务生态系统、服务平台和行动者参与三元理论框架的基础上，服务主导逻辑学者强调平台服务生态系统内制度组合的重要性（Chandler et al.，2019；Wajid et al.，2019；Storbacka，2019；Vargo et al.，2017）。这更多的是探讨平台服务生态系统作为对象性资源的角色，是一种被动整合的情况。据此，现有服务营销研究集中探讨系统内的标准、制度规范、平台企业动态能力等问题。然而，面对当下高度复杂和不确定的数字营销环境，价值涌现已成为一种常态。平台服务生态系统可被视为操作性资源，即具有主动性的，能够通过价值涌现生成系统级别新价值（即本书涌现价值）。这突出了平台服务生态系统作为一个"整体"，有较强的自我学习、自我调整以及自我进化的能力。因此，本书基于复杂适应系统理论认为平台服务生态系统具有双重性，即既是对象性资源，又是操作性资源。当平台服务生态系统作为操作性资源时，价值是一个系统级别的涌现属性，具有全局性、恒新性、显现性和连贯性特征，是基于对等参与子系统、向上因果力子系统以及向下因果力子系统涌现生成的系统级别新资源。数字化平台服务生态系统具有双重性这一研究逻辑能够推动学者更加深入地认识和理解平台服务生态系统作为一个"整体"与系统内不同"组成部分"（即行动者、内部环境以及相互作用）之间关系的复杂性及涌现性。

第三节　营销启示

对于营销实践来说，本书的研究发现具有重要的实践指导意义，具体体现在以下三个方面：

1. 价值涌现逻辑为企业数字生态战略提供了指导

近年来，数字化逐渐成为全球技术变革的核心战略方向。埃森哲与国家工业信息安全发展研究中心合作发布的《2020 中国企业数字转型指数》研究报告显示：2019 年中国数字经济规模达到 35.8 万亿元，占 GDP 比重达 36%。在政策方面，《中共中央关于制定国民经济和社会发展第十四个五年规划和二〇三五年远景目标的建议》明确表示"发展数字经济，推动数字产业化和产业数字化，推动数字经济与实体经济深度融合，打造具有国际竞争力的数字产业集群"等。这些体现了我国企业数字化前景较为明朗，然而，随着人工智能、物联网、5G、开源代码等技术的发展，使企业的营销环境变得更为复杂。2020 年企业加速采用数字化营销战略，进而使数字营销环境变得更复杂和不确定。面对日益复杂的营销环境，我国企业正面临着数字化转型的挑战。无论是企业的发展需求还是国家的政策导向，都已非常重视数字生态化战略。因此，研究数字平台服务生态系统价值创造机制，具有较大的实践价值。

本书研究结果表明，在数字经济时代，企业以数字生态系统为载体能够创造巨大价值。企业需要以价值涌现逻辑来应对复杂多变的营销环境。这需要其企业突破资源提供者—资源受益人的二元连接思维，拓展到以复杂系统思维重新审视企业在服务生态系统内的角色和定位，进而思考如何连接跨微观（个体行动者）、中观（平台企业、服务平台）、宏观（服务生态系统）的资源，创造系统级别新价值（涌现价值）。数字生态战略不仅意味着企业利用人工智能、5G、大数据等技术提升效率，还意味着企业的竞争属性发生了变化，更意味着企业的管理思维和价值创造逻辑有了重要转变。基于价值涌现逻辑，企业需要从更长远且动态过程视角，以数字生态系统为主要竞争力来源，其营销目标是诱导生态系统内"1+1>2"的协作效应，最终实现以生态系统为载体的价值涌现。因此，在价值涌现逻辑下，企业在制定数字化营销战略时，核心问题应在"如何快速连接顾客和资源？""如何连接的更广？"这两个维度基础上，拓展"连接如何涌现？"这一新维度。

2. 活动资源复杂性和活动结构适应性是企业数字生态战略的核心

价值涌现机制的活动资源复杂性和活动结构适应性为企业的数字化生态转型和平台化转型提供了新思路。

（1）通过开发"焦点活动"，拥抱"意外"和"偶然性"。面对当下高度复杂和不确定的数字营销环境，应对"意外"和"偶然性"已经发展为企业数字营销过程中的常态。尤其是在数字情境下，人工智能、大数据、社交平台等技术使人机交互过程更容易出现"意外"事件。因此，企业的数字生态营销战略的重点是：如何围绕着焦点活动诱导平台服务生态系统快速地价值涌现，有意识地让不确定性营销环境下所诞生的"意外"和"偶然性"成为自身竞争力的主要来源。

具体来说，本书的价值涌现逻辑认为，当实体企业想要基于原有服务生态系统展开数字平台生态战略时，领导企业的营销战略核心不是开发平台的技术标准（或产品），而是需要思考如何通过设计"焦点活动"，促进人类行动者和非人类行动者（即人工智能、5G技术、数字化人工制品等）在互动的过程中出现"意外性"事件，增加系统内涌现属性产生的概率，进而引发系统内的乘数效应，促进价值涌现的可能。换言之，在面对高度不确定的营销环境时，企业应主动地诱导"意外"性事件（即对平台服务生态系统采用干预措施），而不是被动地接受和反馈。

（2）数字生态系统战略的核心不是开发新技术标准，而是开发新"焦点活动"。本书的活动资源复杂性和活动结构适应性为企业提供了具体的数字生态策略。活动资源复杂性是指领导企业针对同一个焦点活动，从资源的互补性、时效性以及跨层次性三种相互作用的复杂性，来激发平台服务生态系统价值涌现的动力机制，进而能够增加数字生态转型战略的成功概率。活动结构适应性是指领导企业为了实现数字服务生态系统的共享目标时，所涉及的所有活动的总集合。换言之，活动结构适应性是指围绕着系统级别目标相互嵌套的不同种类活动（基础型活动和系统级别新活动）之间的相互作用。这有助于减少涌现的新制度之间的冲突，有利于维持在数字生态转型过程中的稳定性。简单来说，企业不应只专注于开发活动的数量（即数字生态系统可能是体系庞大却冗余效率低），而应关注不同活动之间的关系适应性（即数字生态系统可以小而效率高）。本书的价值涌现机制显示活动资源复杂性和活动结构适应性能够促进涌现价值（即协调价值和适应价值）的生成，进而最迅速、最有效地提升平台服务生态系统作为一个"整体"（即操作性资源）的自我调整和自我进化的能力。当企业基于传统平台生态系统战略，在初期开发平台的新技术标准（或产品）时，需要大量的人力和物力的研发成本，这对领导企业门槛要求较高。与之相比，基于价值涌现模式，企业通过开发新的焦点活动更具有经济性和可行性。

3. 需谨慎选择"全盘数字化生态转型"策略

本书价值涌现模型的向下因果力控制机制（即制度协调）表明：当实体企业开展数字生态转型和平台化战略过程中，在扩大数字化平台服务生态系统规模时，需要谨慎地采取"全盘数字化生态转型"的策略，即将现有实体关系网络一次性整个纳入新数字服务生态系统内的策略。这是因为在数字情境下，平台服务生态系统的价值涌现是具有非线性特征的，因此系统内小原因可能导致大结果或大原因造成小结果（霍兰，2019）。在数字生态转型初期，原有关系网络内可能存在惰性或者与新平台服务生态系统存在制度失调的现象。这在系统的非线性特征影响下可能导致较小的制度失调现象，从而引发整个数字生态战略转型的失败。

第四节　研究的局限性与未来研究方向

本书以数字化平台生态系统为研究对象，探讨数字化平台生态系统作为一个服务生态系统（即本书的平台服务生态系统）价值创造的复杂性及涌现性。具体来说，本书引入了复杂适应系统理论、异质性资源整合理论、操作性资源层级理论等，将数字化平台服务生态系统概念化为数字化平台复杂适应系统（即数字化平台服务生态系统是一个复杂适应系统）；结合了嵌套式案例研究、ANT网络志方法和多元扎根理论，揭示了价值涌现的机理和涌现价值的维度。然而，本书的研究尚存在以下三个方面的研究局限性，这也成为未来可以进一步深入研究的方向：

（1）本书结合基于行动者网络理论改进的网络志方法（Lugosi and Quinton，2018）和多元扎根理论方法，采用嵌套式案例分析，将大众点评平台服务生态系统划分为相互独立但又相互联系的2×2（即2个行动者网络×2个价值涌现阶段）研究单元。这能够从时间、跨层次（微观、中观和宏观）多角度来分析价值涌现过程，从而深入地把握价值涌现机理。在未来的研究中，笔者希望扩大样本数据，采用多个平台服务生态系统案例的比较分析，或者采用多主体仿真方法，进一步检验本书结论的准确性。

（2）本书的价值涌现模式是基于现有的服务生态系统、服务平台和行动者参与这三元理论框架基础上，结合复杂系统理论，进一步深化研究了平台服务生态系统的双重性。值得关注的是，服务生态系统是营销学的热门研究对象（Polese et al.，2020；Vargo and Lusch，2016；Lusch and Nambisan，2015）。本书的数字化平台服务生态系统是服务生态系统的一个子类别。因此，在未来的研究中，笔者希望将本书的价值涌现模式拓展到其他服务生态系统的研究中，进一步探索价值涌现研究。一方面，营销学者可整合个体行动者参与行为、生态系统战略治理、互联网技术生成性以及行动者自生成的制度组合等，实现从价值创造结果、载体、分析重点和研究方法等角度进一步深化服务生态系统的价值涌现研究。据此，在价值涌现逻辑下，研究人员可丰富不同种类服务生态系统的涌现价值具体内容、价值涌现非线性互动的机制和影响因素等研究。另一方面，涌现价值是一个系统级别新资源，未来研究可深入探讨在互联网时代的超级连接背景下，这种"新价值"（即涌现价值）与经济学的价值有什么区别；涌现价值的协调价值和适应价值这两个维度，与现有的营销学的感知价值、体验价值、情境价值等的区别。

（3）本书尚未探讨价值涌现的负面影响。事实上，平台服务生态系统内的涌现可能是好的，也可能是具有破坏性的（Polese et al.，2020）。平台服务生态系统内涌现生成系统级别的新制度（即适应价值）会改变个体行动者的感知，进而影响个体行动者的价值共创行为。这可能会给平台企业的在营销、管理以及焦点活动设计过程中，带来意想不到的结果。据本书的第六章和第七章分析结果，个体行动者对新制度可能会产生制度失调（包含紧张状态和分歧状态）。当这些制度失调状态得不到及时解决时，可能会导致整个平台服务生态系统的生存能力（即系统级别的价值）受到损害。例如，在本书案例中，大众点评服务生态系统自2017年开发了"必吃榜"榜单作为指导顾客消费的新指南，这是大众点评平台服务生态系统的"引流"的新标杆。这种现象改变了大众点评平台服务生态系统内的商户（即个体行动者）行为。由于该榜单是根据过去一年点评大数据评比得出的，从而导致在新的一轮榜单评选前部分商家采取了好评送菜品、服务人员强制要求顾客现场好评等虚假刷点评的行为。此类不诚信行为如果没有得到平台服务生态系统的有效控制，就可能导致"必吃榜"作为系统新制度，被顾客（即个体行动者）不认可。由于平台服务生态系统的价值涌现机制具有非线性迭代反馈性质，即系统内存在着大规模的相互作用，这保证了小原因可能导致大结果。因此，某个顾客的负面反馈评论可能会降低整个平台服务生态系统的声誉，从而带来巨大的负面效应。这种价值涌现的负面影响在本书案例中尚未得到体现。在未来，笔者希望能够进一步拓展价值涌现的负面影响研究。

参考文献

［1］陈向明．质的研究方法与社会科学研究［M］．北京：教育科学出版社，2000．

［2］冯华，陈亚琦．平台商业模式创新研究——基于互联网环境下的时空契合分析［J］．中国工业经济，2016（3）：99-113．

［3］弗里克．扎根理论［M］．项继发，译．上海：格致出版社，上海人民出版社，2021．

［4］郭明哲．行动者网络理论（ANT）——布鲁诺·拉图尔科学哲学研究［D］．复旦大学博士学位论文，2008．

［5］霍兰．隐秩序：适应性造就复杂性［M］．周晓牧，韩晖，译．上海：上海科技教育出版社，2019．

［6］靳代平，王新新，姚鹏．品牌粉丝因何而狂热？——基于内部人视角的扎根研究［J］．管理世界，2016（9）：102-119．

［7］卡麦兹．建构扎根理论：质性研究实践指南［M］．边国英，译．重庆：重庆大学出版社，2009．

［8］罗顺均，李田，刘富先．后发追赶背景下"引智"学习促进企业升级的机制研究——基于珠江钢琴1987~2013年嵌套式纵向案例分析［J］．管理

世界，2015（10）：144-159+188.

［9］苗东升. 系统科学精要（第4版）［M］. 北京：中国人民大学出版社，2016.

［10］王节祥，蔡宁. 平台研究的流派、趋势与理论框架——基于文献计量和内容分析方法的诠释［J］. 商业经济与管理，2018（3）：20-35.

［11］王新新，张佳佳. 价值涌现：平台生态系统价值创造的新逻辑［J］. 经济管理，2021，43（2）：188-208.

［12］殷. 案例研究：设计与方法（第3版）［M］. 周海涛，李永贤，张蘅，译. 重庆：重庆大学出版社，2004.

［13］张佳佳，王新新. 开源合作生产：研究述评与展望［J］. 外国经济与管理，2018，40（5）：141-152.

［14］朱晓红，陈寒松，张腾. 知识经济背景下平台型企业构建过程中的迭代创新模式——基于动态能力视角的双案例研究［J］. 管理世界，2019，35（3）：142-156+207-208.

［15］Ablowitz R. The Theory of Emergence［J］. Philosophy of Science，1939，6（1）：1-16.

［16］Adner R. Ecosystem as Structure：An Actionable Construct for Strategy［J］. Journal of Management，2017，43（1）：39-58.

［17］Akaka M A，Vargo S L，Lusch R F. The Complexity of Context：A Service Ecosystems Approach for International Marketing［J］. Journal of International Marketing，2013，21（4）：1-20.

［18］Akaka M A，Vargo S L，Schau H J. The Context of Experience［J］. Journal of Service Management，2015，26（2）：206-223.

［19］Akaka M A，Vargo S L. Extending the Context of Service：From Encounters to Ecosystems［J］. Journal of Services Marketing，2015，29（6/7）：

453-462.

[20] Akaka M A, Vargo S L. Technology as an Operant Resource in Service (Eco) Systems [J]. Information Systems and e-Business Management, 2014, 12 (3): 367-384.

[21] Albats E, Alexander A, Mahdad M, et al. Stakeholder Management in SME Open Innovation: Interdependences and Strategic Actions [J]. Journal of Business Research, 2020 (119): 291-301.

[22] Alexander S. Space, Time, and Deity: The Gifford Lectures at Glasgow 1916-1978 (2Vols) [M]. New York: Dover Publication, 1966.

[23] Amit R, Schoemaker P J H. Strategic Assets and Organizational Rent [J]. Strategic Management Journal, 1993, 14 (1): 33-46.

[24] Archer M S. Realist Social Theory: The Morphogenetic Approach [M]. Cambridge: Cambridge University Press, 1995.

[25] Armstrong M. Competition in Two-Sided Markets [J]. The RAND Journal of Economics, 2006, 37 (3): 668-691.

[26] Arnould E J, Price L L, Malshe A. Toward a Cultural Resource-Based Theory of the Customer [M] // Lusch R F, Vargo S L. The Service-Dominant Logic of Marketing: Dialog, Debate, and Directions. New York: Routledge, 2014: 109-122.

[27] Arnould E J, Thompson C J. Consumer Culture Theory (CCT): Twenty Years of Research [J]. Journal of Consumer Research, 2005, 31 (4): 868-882.

[28] Arthur W B. Complexity and the Economy [M]. New York: Oxford University Press, 2015.

[29] Axelrod R, Cohen M D. Harnessing Complexity: Organizational Implications of a Scientific Frontier [M]. New York: Free Press, 2000.

［30］ Barney J. Firm Resources and Sustained Competitive Advantage ［J］. Journal of Management，1991，17（1）：99-120.

［31］ Basole R C，Park H. Interfirm Collaboration and Firm Value in Software Ecosystems：Evidence from Cloud Computing ［J］. IEEE Transactions on Engineering Management，2019，66（3）：368-380.

［32］ Batra R，Ahuvia A C，Bagozzi R P. Brand Love ［J］. Journal of Marketing，2012，76（2）：1-16.

［33］ Bedau M A，Humphreys P. Emergence：Contemporary Readings in Philosophy and Science ［M］. Cambridge：MIT Press，2008.

［34］ Beirão G，Patrício L，Fisk R P. Value Cocreation in Service Ecosystems：Investigating Health Care at the Micro，Meso，and Macro Levels ［J］. Journal of Service Management，2017，28（2）：227-249.

［35］ Benoit S，Baker T L，Bolton R N，et al. A Triadic Framework for Collaborative Consumption（CC）：Motives，Activities and Resources & Capabilities of Actors ［J］. Journal of Business Research，2017（79）：219-227.

［36］ Bhaskar R. Dialectic：The Pulse of Freedom ［M］. London：Routledge，2008.

［37］ Bock D E，Folse J A G，Black W C. Gratitude in Service Encounters：Implications for Building Loyalty ［J］. Journal of Services Marketing，2016（30）：341-358.

［38］ Bolton R N，McColl-Kennedy J R，Cheung L，et al. Customer Experience Challenges：Bringing Together Digital，Physical and Social Realms ［J］. Journal of Service Management，2018（29）：776-808.

［39］ Bonardi J-P，Durand R. Managing Network Effects in High-Tech Markets ［J］. The Academy of Management Executive，2003（17）：40-52.

[40] Boudreau K J, Jeppesen L B. Unpaid Crowd Complementors: The Platform Network Effect Mirage [J]. Strategic Management Journal, 2015, 36 (12): 1761-1777.

[41] Breidbach C F, Brodie R J. Engagement Platforms in the Sharing Economy: Conceptual Foundations and Research Directions [J]. Journal of Service Theory and Practice, 2017 (27): 761-777.

[42] Breidbach C F, Brodie R, Hollebeek L. Beyond Virtuality: From Engagement Platforms to Engagement Ecosystems [J]. Managing Service Quality: An International Journal, 2014 (24): 592-611.

[43] Breidbach C F, Maglio P P. Technology-Enabled Value Co-Creation: An Empirical Analysis of Actors, Resources, and Practices [J]. Industrial Marketing Management, 2016 (56): 73-85.

[44] Brodie R J, Fehrer J A, Jaakkola E, et al. Actor Engagement in Networks: Defining the Conceptual Domain [J]. Journal of Service Research, 2019, 22 (2): 173-188.

[45] Bunge M. Emergence and Convergence: Qualitative Novelty and the Unity of Knowledge [M]. Toronto: University of Toronto Press, 2003.

[46] Callon M. Techno-Economic Networks and Irreversibility [J]. The Sociological Review, 1990, 38 (S1): 132-161.

[47] Campbell C S, Maglio P P, Davis M M. From Self-Service to Super-Service: A Resource Mapping Framework for Co-Creating Value by Shifting the Boundary between Provider and Customer [J]. Information Systems and e-Business Management, 2011 (9): 173-191.

[48] Capra F, Luisi P L. The Systems View of Life: A Unifying Vision [M]. Cambridge: Cambridge University Press, 2014.

［49］Ceccagnoli M, Forman C, Huang P, et al. Cocreation of Value in a Platform Ecosystem！The Case of Enterprise Software ［J］. MIS Quarterly, 2012 （36）：263-290.

［50］Cennamo C, Santaló J. Generativity Tension and Value Creation in Platform Ecosystems ［J］. Organization Science, 2019, 30 （3）：617-641.

［51］Chandler J D, Danatzis I, Wernicke C, et al. How Does Innovation Emerge in a Service Ecosystem? ［J］. Journal of Service Research, 2019, 22 （1）：75-89.

［52］Chandler J D, Lusch R F. Service Systems：A Broadened Framework and Research Agenda on Value Propositions, Engagement, and Service Experience ［J］. Journal of Service Research, 2015, 18 （1）：6-22.

［53］Chandler J D, Vargo S L. Contextualization and Value-in-Context：How Context Frames Exchange ［J］. Marketing Theory, 2011, 11 （1）：35-49.

［54］Charmaz K. Constructing Grounded Theory （2nd ed. ） ［M］. London：SAGE Publications, 2014.

［55］Choi T Y, Dooley K J, Rungtusanatham M. Supply Networks and Complex Adaptive Systems：Control Versus Emergence ［J］. Journal of Operations Management, 2001, 19 （3）：351-366.

［56］Cilliers P. Complexity and Postmodernism：Understanding Complex Systems ［M］. London：Routledge, 1998.

［57］Clarke A E. Situational Analysis：Grounded Theory after the Postmodern Turn ［M］. Thousand Oaks：SAGE Publications, 2005.

［58］Constantin J A, Lusch R F. Understanding Resource Management：How to Deploy Your People, Products, and Processes for Maximum Productivity ［M］. Oxford：The Planning Forum, 1994.

［59］Corbin J, Strauss A. Basics of Qualitative Research: Techniques and Procedures for Developing Grounded Theory (2nd ed.) ［M］. London: SAGE Publications, 1998.

［60］Corning P A. The Emergence of "Emergence": Now What? ［J］. Emergence, 2002, 4 (3): 54-71.

［61］DeLanda M. A New Philosophy of Society: Assemblage Theory and Social Complexity ［M］. London: Bloomsbury Publishing, 2019.

［62］Dubois A. Organizing Industrial Activities Across Firm Boundaries ［M］. London: Routledge, 1998.

［63］Dunne C. The Place of the Literature Review in Grounded Theory Research ［J］. International Journal of Social Research Methodology, 2011, 14 (2): 111-124.

［64］Eckhardt G M, Houston M B, Jiang B, et al. Marketing in the Sharing Economy ［J］. Journal of Marketing, 2019, 83 (5): 5-27.

［65］Eisenhardt K M. Making Fast Strategic Decisions in High-Velocity Environments ［J］. The Academy of Management Journal, 1989 (32): 543-576.

［66］Eisenmann T R, Parker G, Van Alstyne M. Platform Envelopment ［J］. Strategic Management Journal, 2011, 32 (12): 1270-1285.

［67］Eisenmann T R, Parker G, Van Alstyne M. Strategies for Two-Sided Markets ［J］. Harvard Business Review, 2006 (84): 92.

［68］Eisenmann T R. Managing Proprietary and Shared Platforms ［J］. California Management Review, 2008 (50): 31-53.

［69］Elder-Vass D. Re-Examining Bhaskar's Three Ontological Domains: The Lessons from Emergence ［M］// Lawson C, Latsis J, Martins N. Contributions to Social Ontology. London: Routledge, 2006: 160-176.

［70］Fehrer J A, Woratschek H, Brodie R J. A Systemic Logic for Platform Business Models ［J］. Journal of Service Management, 2018（29）：546-568.

［71］Felin T, Kauffman S, Mastrogiorgio A, et al. Factor Markets, Actors and Affordances ［J］. Industrial and Corporate Change, 2016, 25（1）：133-147.

［72］Flick U. An Introduction to Qualitative Research（5th ed.）［M］. London：SAGE Publications, 2014.

［73］Flick U. The SAGE Handbook of Qualitative Research（5th ed.）［M］. London：SAGE Publications, 2018.

［74］Flint D J, Signori P, Golicic S L. Corporate Identity Congruence：A Meanings-Based Analysis ［J］. Journal of Business Research, 2018（86）：68-82.

［75］Frow P, McColl-Kennedy J R, Hilton T, et al. Value Propositions：A Service Ecosystems Perspective ［J］. Marketing Theory, 2014, 14（3）：327-351.

［76］Fulmer C A, Ostroff C. Convergence and Emergence in Organizations：An Integrative Framework and Review ［J］. Journal of Organizational Behavior, 2016, 37（S1）：S122-S145.

［77］Gawer A, Cusumano M A. Industry Platforms and Ecosystem Innovation ［J］. Journal of Product Innovation Management, 2014, 31（3）：417-433.

［78］Gawer A. Bridging Differing Perspectives on Technological Platforms：Toward an Integrative Framework ［J］. Research Policy, 2014, 43（7）：1239-1249.

［79］Gawer A. Platforms, Markets and Innovation ［M］. Northampton：Edward Elgar Publishing, 2009.

［80］Giddens A. The Constitution of Society：Outline of the Theory of Structuration ［M］. Cambridge：Polity Press, 1984.

［81］Giesler M, Fischer E. Market System Dynamics ［J］. Marketing Theory,

2017, 17 (1): 3-8.

[82] Glaser B, Strauss A. The Discovery of Grounded Theory: Strategies for Qualitative Research [M]. Mill Valley: Sociology Press, 1967.

[83] Goldkuhl G, Cronholm S, Lind M. Multi-Grounded Action Research [J]. Information Systems and e-Business Management, 2020 (18): 121-156.

[84] Goldkuhl G, Cronholm S. Adding Theoretical Grounding to Grounded Theory: Toward Multi-Grounded Theory [J]. International Journal of Qualitative Methods, 2010, 9 (2): 187-205.

[85] Goldkuhl G, Cronholm S. Reflection/Commentary on a Past Article: "Adding Theoretical Grounding to Grounded Theory: Toward Multi-Grounded Theory" [J]. International Journal of Qualitative Methods, 2018 (17): 1-5.

[86] Goldstein J. Emergence as A Construct: History and Issues [J]. Emergence, 1999, 1 (1): 49-72.

[87] Gomersall T. Complex Adaptive Systems: A New Approach for Understanding Health Practices [J]. Health Psychology Review, 2018, 12 (4): 405-418.

[88] Grönroos C, Gummerus J. The Service Revolution and its Marketing Implications: Service Logic vs Service-Dominant Logic [J]. Managing Service Quality, 2014 (24): 206-229.

[89] Grönroos C, Voima P. Critical Service Logic: Making Sense of Value Creation and Co-Creation [J]. Journal of the Academy of Marketing Science, 2013 (41): 133-150.

[90] Gupta S, Jain D C, Sawhney M S. Modeling the Evolution of Markets with Indirect Network Externalities: An Application to Digital Television [J]. Marketing Science, 1999, 18 (3): 396-416.

［91］Hagiu A, Wright J. Multi-Sided Platforms ［J］. International Journal of Industrial Organization, 2015 （43）: 162-174.

［92］Heinonen K, Strandvik T. Customer-Dominant Logic: Foundations and Implications ［J］. Journal of Services Marketing, 2015 （29）: 472-484.

［93］Helfat C E, Raubitschek R S. Dynamic and Integrative Capabilities for Profiting from Innovation in Digital Platform-Based Ecosystems ［J］. Research Policy, 2018, 47 （8）: 1391-1399.

［94］Helfat C E, Winter S G. Untangling Dynamic and Operational Capabilities: Strategy for the （N） ever-Changing World ［J］. Strategic Management Journal, 2011, 32 （11）: 1243-1250.

［95］Hoffman D L, Novak T P. Consumer and Object Experience in the Internet of Things: An Assemblage Theory Approach ［J］. Journal of Consumer Research, 2018 （44）: 1178-1204.

［96］Holland J H. Emergence: From Chaos to Order ［M］. Boston: Addison-Wesley, 1998.

［97］Hollebeek L D, Srivastava R K, Chen T. S-D Logic - Informed Customer Engagement: Integrative Framework, Revised Fundamental Propositions, and Application to CRM ［J］. Journal of the Academy of Marketing Science, 2019 （47）: 161-185.

［98］Hollebeek L D. Developing Business Customer Engagement Through Social Media Engagement-Platforms: An Integrative S-D Logic/RBV-informed Model ［J］. Industrial Marketing Management, 2019 （81）: 89-98.

［99］Hunt S D, Morgan R M. The Comparative Advantage Theory of Competition ［J］. Journal of Marketing, 1995 （59）: 1-15.

［100］Hunt S D, Morgan R M. The Resource-Advantage Theory of Competition [M] // Malhotra N K. Review of Marketing Research. Leeds: Emerald Group Publishing Limited, 2005: 153-206.

[101] Jaakkola E, Alexander M. The Role of Customer Engagement Behavior in Value Co-Creation: A Service System Perspective [J]. Journal of Service Research, 2014, 17 (3): 247-261.

[102] Jacobides M G, Cennamo C, Gawer A. Towards a Theory of Ecosystems [J]. Strategic Management Journal, 2018, 39 (8): 2255-2276.

[103] Katz D, Kahn R L. The Social Psychology of Organizations [M]. New York: Wiley, 1978.

[104] Keshavarz N, Nutbeam D, Rowling L, et al. Schools as Social Complex Adaptive Systems: A New Way to Understand the Challenges of Introducing the Health Promoting Schools Concept [J]. Social Science and Medicine, 2010, 70 (10): 1467-1474.

[105] Kietzmann J H, Hermkens K, McCarthy P, et al. Social Media? Get Serious! Understanding the Functional Building Blocks of Social Media [J]. Business Horizons, 2011, 54 (3): 241-251.

[106] Klein K J, Kozlowski S W J. From Micro to Meso: Critical Steps in Conceptualizing and Conducting Multilevel Research [J]. Organizational Research Methods, 2000 (3): 211-236.

[107] Kozlowski S W J, Chao G T, Grand J A, et al. Advancing Multilevel Research Design: Capturing the Dynamics of Emergence [J]. Organizational Research Methods, 2013, 16 (4): 581-615.

[108] Kozlowski S W J, Chao G T. The Dynamics of Emergence: Cognition and Cohesion in Work Teams [J]. Managerial and Decision Economics, 2012 (33): 335-354.

［109］ Kozlowski S W J. Groups and Teams in Organizations： Studying the Multilevel Dynamics of Emergence ［M］ // Hollingshead A, Poole M S. Research Methods for Studying Groups and Teams. New York： Routledge, 2012： 270-293.

［110］ Kudlats J, McDowell W C, Mahto R V. Unrelated but Together： Trust and Intergroup Relations in Multi-Family Businesses ［J］. Journal of Business Research, 2019 （101）： 750-756.

［111］ Latour B. Reassembling the Social： An Introduction to Actor-Network-Theory ［M］. Oxford： Oxford University Press, 2005.

［112］ Laud G, Karpen I O. Value Co-Creation Behaviour-Role of Embeddedness and Outcome Considerations ［J］. Journal of Service Theory and Practice, 2017 （27）： 778-807.

［113］ Law J. Actor-network theory and material semiotics ［M］ // Turner B S. The New Blackwell Companion to Social Theory （3rd ed. ） . Oxford： Blackwell, 2008： 141-158.

［114］ Lawson T. Emergence and Social Causation ［M］ // Groff R, Greco J. Powers and Capacities in Philosophy： The New Aristotelianism. London： Routledge Press, 2013： 285-307.

［115］ Layton R A. Formation, Growth, and Adaptive Change in Marketing Systems ［J］. Journal of Macromarketing, 2015, 35 （3）： 302-319.

［116］ Lichtenstein B B. Generative Emergence： A New Discipline of Organizational, Entrepreneurial, and Social Innovation ［M］. New York： Oxford University Press, 2014.

［117］ Lin M, Miao L, Wei W, et al. Peer Engagement Behaviors： Conceptualization and Research Directions ［J］. Journal of Service Research, 2019 （22）： 388-403.

［118］ Lissack M R, Letiche H. Complexity, Emergence, Resilience, and Coherence: Gaining Perspective on Organizations and their Study ［J］. Emergence, 2002, 4 (3): 72-94.

［119］ Lugosi P, Quinton S. More-Than-Human Netnography ［J］. Journal of Marketing Management, 2018, 34 (3-4): 287-313.

［120］ Lusch R F, Nambisan S. Service Innovation: A Service-Dominant Logic Perspective ［J］. MIS Quarterly, 2015, 39 (1): 155-176.

［121］ Lusch R F, Vargo S L. Service-Dominant Logic: Premises, Perspectives, Possibilities ［M］. Cambridge: Cambridge University Press, 2014.

［122］ Madhavaram S, Hunt S D. The Service-Dominant Logic and a Hierarchy of Operant Resources: Developing Masterful Operant Resources and Implications for Marketing Strategy ［J］. Journal of the Academy of Marketing Science, 2008 (36): 67-82.

［123］ McIntyre D P, Srinivasan A. Networks, Platforms, and Strategy: Emerging Views and Next Steps ［J］. Strategic Management Journal, 2017, 38 (1): 141-160.

［124］ Meyer M H, DeTore A. Perspective: Creating A Platform-Based Approach for Developing New Services ［J］. Journal of Product Innovation Management, 2001, 18 (3): 188-204.

［125］ Meynhardt T, Chandler J D, Strathoff P. Systemic Principles of Value Co-Creation: Synergetics of Value and Service Ecosystems ［J］. Journal of Business Research, 2016, 69 (8): 2981-2989.

［126］ Miller J H, Page S E. Complex Adaptive Systems: An Introduction to Computational Models of Social Life ［M］. Princeton and Oxford: Princeton University Press, 2007.

[127] Mingers J. Systems Thinking, Critical Realism and Philosophy: A Confluence of Ideas [M]. London: Routledge, 2014.

[128] Murphy N. Emergence and Mental Causation [M] // Clayton P, Davies P. The Re-Emergence of Emergence: The Emergentist Hypothesis from Science to Religion. New York: Oxford University Press, 2006: 227-243.

[129] Nair A, Reed-Tsochas F. Revisiting the Complex Adaptive Systems Paradigm: Leading Perspectives for Researching Operations and Supply Chain Management Issues [J]. Journal of Operations Management, 2019, 65 (2): 80-92.

[130] Nambisan S, Lyytinen K, Majchrzak A, et al. Digital Innovation Management: Reinventing Innovation Management Research in a Digital World [J]. MIS Quarterly, 2017, 41 (1): 223-238.

[131] Nan N. Capturing Bottom-Up Information Technology Use Processes: A Complex Adaptive Systems Model [J]. MIS Quarterly, 2011 (35): 505-532.

[132] Nenonen S, Storbacka K. Don't Adapt, Shape! Use the Crisis to Shape Your Minimum Viable System-And the Wider Market [J]. Industrial Marketing Management, 2020 (88): 265-271.

[133] Perks H, Kowalkowski C, Witell L, et al. Network Orchestration for Value Platform Development [J]. Industrial Marketing Management, 2017 (67): 106-121.

[134] Peters L D, Nenonen S, Polese F, et al. Viability Mechanisms in Market Systems: Prerequisites for Market Shaping [J]. Journal of Business and Industrial Marketing, 2020, 35 (9): 1403-1412.

[135] Peters L D. Heteropathic Versus Homopathic Resource Integration and Value Co-Creation in Service Ecosystems [J]. Journal of Business Research, 2016, 69 (8): 2999-3007.

[136] Polese F, Mele C, Gummesson E. Value Co-Creation as a Complex Adaptive Process [J]. Journal of Service Theory and Practice, 2017 (27): 926-929.

[137] Polese F, Sarno D, Vargo S L. The Role of Emergence in Service Systems [C]. Proceedings of the 53rd Hawaii International Conference on System Sciences, 2020.

[138] Ramaswamy V, Ozcan K. Offerings as Digitalized Interactive Platforms: A Conceptual Framework and Implications [J]. Journal of Marketing, 2018a (82): 19-31.

[139] Ramaswamy V, Ozcan K. What is Co-Creation? An Interactional Creation Framework and Its Implications for Value Creation [J]. Journal of Business Research, 2018b (84): 196-205.

[140] Randhawa K, Wilden R, Gudergan S. Open Service Innovation: The Role of Intermediary Capabilities [J]. Journal of Product Innovation Management, 2018, 35 (5): 808-838.

[141] Rochet J-C, Tirole J. Two-Sided Markets: A Progress Report [J]. The RAND Journal of Economics, 2006 (37): 645-667.

[142] Roger G, Vasconcelos L. Platform Pricing Structure and Moral Hazard [J]. Journal of Economics and Management Strategy, 2014, 23 (3): 527-547.

[143] Sawyer R K. Emergence in Sociology: Contemporary Philosophy of Mind and Some Implications for Sociological Theory [J]. American Journal of Sociology, 2001 (107): 551-585.

[144] Schneider M, Somers M. Organizations as Complex Adaptive Systems: Implications of Complexity Theory for Leadership Research [J]. The Leadership Quarterly, 2006, 17 (4): 351-365.

［145］Shapiro S J. The Survival Concept and the Nonprofit Behavior System ［M］// Cox R, Alderson W, Shapiro S J. Theory in Marketing. Homewood: Richard D. Irwin, 1964: 109-124.

［146］Sheremata W A. Competing through Innovation in Network Markets: Strategies for Challengers ［J］. The Academy of Management Review, 2004 （29）: 359-377.

［147］Staber U, Sydow J. Organizational Adaptive Capacity: A Structuration Perspective ［J］. Journal of Management Inquiry, 2002, 11 （4）: 408-424.

［148］Siltaloppi J, Koskela-Huotari K, Vargo S L. Institutional Complexity as a Driver for Innovation in Service Ecosystems ［J］. Service Science, 2016, 8 （3）: 333-343.

［149］Singaraju S P, Nguyen Q A, Niininen O, et al. Social Media and Value Co-Creation in Multi-Stakeholder Systems: A Resource Integration Approach ［J］. Industrial Marketing Management, 2016 （54）: 44-55.

［150］Soda G, Furlotti M. Bringing Tasks Back in: An Organizational Theory of Resource Complementarity and Partner Selection ［J］. Journal of Management, 2017, 43 （2）: 348-375.

［151］Storbacka K, Brodie R J, Böhmann T, et al. Actor Engagement as a Microfoundation for Value Co-Creation ［J］. Journal of Business Research, 2016, 69 （8）: 3008-3017.

［152］Storbacka K. Actor Engagement, Value Creation and Market Innovation ［J］. Industrial Marketing Management, 2019 （80）: 4-10.

［153］Swaminathan V, Sorescu A, Steenkamp J-B E M, et al. Branding in a Hyperconnected World: Refocusing Theories and Rethinking Boundaries ［J］. Journal of Marketing, 2020 （84）: 24-46.

[154] Taillard M, Peters L D, Pels J, et al. The Role of Shared Intentions in the Emergence of Service Ecosystems [J]. Journal of Business Research, 2016, 69 (8): 2972-2980.

[155] Tapscott D, Williams A D. Wikinomics: How Mass Collaboration Changes Everything [M]. New York: Portfolio Hardcover, 2008.

[156] Teece D J, Pisano G, Shuen A. Dynamic Capabilities and Strategic Management [J]. Strategic Management Journal, 1997, 18 (7): 509-533.

[157] Thomas L D W, Autio E, Gann D M. Architectural Leverage: Putting Platforms in Context [J]. Academy of Management Perspectives, 2014 (28): 198-219.

[158] Thornberg R. Informed Grounded Theory [J]. Scandinavian Journal of Educational Research, 2012, 56 (3): 243-259.

[159] Tilson D, Lyytinen K, Sørensen C. Research Commentary—Digital Infrastructures: The Missing IS Research Agenda [J]. Information Systems Research, 2010, 21 (4): 748-759.

[160] Tiwana A. Platform Ecosystems: Aligning Architecture, Governance, and Strategy [M]. San Francisco: Morgan Kaufmann, 2013.

[161] Uhl-Bien M, Arena M. Complexity Leadership: Enabling People and Organizations for Adaptability [J]. Organizational Dynamics, 2017, 46 (1): 9-20.

[162] Uhl-Bien M, Arena M. Leadership for Organizational Adaptability: A Theoretical Synthesis and Integrative Framework [J]. The Leadership Quarterly, 2018, 29 (1): 89-104.

[163] Uhl-Bien M, Marion R, McKelvey B. Complexity Leadership Theory: Shifting Leadership from the Industrial Age to the Knowledge Era [J]. The Leader-

ship Quarterly, 2007, 18 (4): 298-318.

[164] Uhl-Bien M, Marion R. Complexity leadership in Bureaucratic Forms of Organizing: A Meso Model [J]. The Leadership Quarterly, 2009, 20 (4): 631-650.

[165] Vargo S L, Koskela-Huotari K, Baron S, et al. A Systems Perspective on Markets - Toward a Research Agenda [J]. Journal of Business Research, 2017 (79): 260-268.

[166] Vargo S L, Lusch R F. Evolving to a New Dominant Logic for Marketing [J]. Journal of Marketing, 2004, 68 (1): 1-17.

[167] Vargo S L, Lusch R F. From Repeat Patronage to Value Co-Creation in Service Ecosystems: A Transcending Conceptualization of Relationship [J]. Journal of Business Market Management, 2010 (4): 169-179.

[168] Vargo S L, Lusch R F. Institutions and Axioms: An Extension and Update of Service-Dominant Logic [J]. Journal of the Academy of Marketing Science, 2016 (44): 5-23.

[169] Vargo S L, Lusch R F. It's All B2B... and Beyond: Toward a Systems Perspective of the Market [J]. Industrial Marketing Management, 2011, 40 (2): 181-187.

[170] Vargo S L, Lusch R F. Service-Dominant Logic 2025 [J]. International Journal of Research in Marketing, 2017, 34 (1): 46-67.

[171] Vargo S L, Lusch R F. Service-Dominant Logic: Continuing the Evolution [J]. Journal of the Academy of Marketing Science, 2008 (36): 1-10.

[172] Vargo S L, Lusch R F. The SAGE Handbook of Service-Dominant Logic [M]. London: SAGE Publications Ltd., 2018.

[173] Vargo S L, Peters L, Kjellberg H, et al. Emergence in Marketing: An

Institutional and Ecosystem Framework [J]. Journal of the Academy of Marketing Science, 2023 (51): 2-22.

[174] Vargo S L. On a Theory of Markets and Marketing: From Positively Normative to Normatively Positive [J]. Australasian Marketing Journal, 2007, 15 (1): 53-60.

[175] Wajid A, Raziq M M, Malik O F, et al. Value Co-Creation through Actor Embeddedness and Actor Engagement [J]. Marketing Intelligence and Planning, 2019, 37 (3): 271-283.

[176] Waller M J, Okhuysen G A, Saghafian M. Conceptualizing Emergent States: A Strategy to Advance the Study of Group Dynamics [J]. Academy of Management Annals, 2016 (10): 561-598.

[177] Wertheimer M, Riezler K. Gestalt Theory [J]. Social Research, 1944 (11): 78-99.

[178] Wieland H, Polese F, Vargo S L, et al. Toward a Service (Eco) Systems Perspective on Value Creation [J]. International Journal of Service Science, Management, Engineering, and Technology (IJSSMET), 2012, 3 (3):12-25.

[179] Yoo Y, Boland R J, Lyytinen K, et al. Organizing for Innovation in the Digitized World [J]. Organization Science, 2012, 23 (5): 1398-1408.

[180] Zittrain J L. The Generative Internet [J]. Harvard Law Review, 2006 (119): 1974-2040.